O acesso de alunos com deficiência às escolas e classes comuns

Dados Internacionais de Catalogação na Publicação (CIP)
(Câmara Brasileira do Livro, SP, Brasil)

Carneiro, Moaci Alves
   O acesso de alunos com deficiência às escolas e classes comuns : possibilidades e limitações / Moaci Alves Carneiro. 4. ed. – Petrópolis, RJ : Vozes, 2013.

   6ª reimpressão, 2024.

   ISBN 978-85-326-3432-0

   Bibliografia.

   1. Educação especial 2. Educação inclusiva 3. Estudantes deficientes – Educação I. Título.

06-8478   CDD-371-9

Índices para catálogo sistemático:
1. Alunos com deficiência : Acesso à educação : Educação especial   371-9

Moaci Alves Carneiro

O acesso de alunos com deficiência às escolas e classes comuns

Possibilidades e limitações

Petrópolis

© 2007, Editora Vozes Ltda.
Rua Frei Luís, 100
25689-900 Petrópolis, RJ
www.vozes.com.br
Brasil

Todos os direitos reservados. Nenhuma parte desta obra poderá
ser reproduzida ou transmitida por qualquer forma e/ou quaisquer
meios (eletrônico ou mecânico, incluindo fotocópia e gravação) ou
arquivada em qualquer sistema ou banco de dados sem permissão
escrita da editora.

CONSELHO EDITORIAL

PRODUÇÃO EDITORIAL

Diretor
Volney J. Berkenbrock

Editores
Aline dos Santos Carneiro
Edrian Josué Pasini
Marilac Loraine Oleniki
Welder Lancieri Marchini

Conselheiros
Elói Dionísio Piva
Francisco Morás
Gilberto Gonçalves Garcia
Ludovico Garmus
Teobaldo Heidemann

Secretário executivo
Leonardo A.R.T. dos Santos

Aline L.R. de Barros
Jailson Scota
Marcelo Telles
Mirela de Oliveira
Natália França
Otaviano M. Cunha
Priscilla A.F. Alves
Rafael de Oliveira
Samuel Rezende
Vanessa Luz
Verônica M. Guedes

Editoração: Elaine Mayworm
Diagramação: AG.SR Desenv. Gráfico
Capa: Marta Braiman

ISBN 978-85-326-3432-0

Este livro foi composto e impresso pela Editora Vozes Ltda.

*Ler significa reler, compreender, interpretar.
Cada um lê com os olhos que tem. E
interpreta a partir de onde os pés pisam.
Todo ponto de vista é a vista de um ponto.*

*Para entender como alguém lê, é
necessário saber como são seus olhos e
sua visão do mundo. Isso faz da leitura
sempre uma releitura.*

Leonardo Boff

*Onde és terno,
Dizes plural.*

Roland Barthes

*Não seja intransigente,
A natureza é plural!...
O igual é diferente
E o diferente é igual.*

Moaci Alves Carneiro

*A escola que eu quero é muito mais
abrangente,
Porque carrega o mistério da vida toda da
gente.*

Moaci Alves Carneiro

Para Lorena e Marina,
Expressões ternas
Da diversidade eterna.

PARA APRENDER

Para aprender,
Preciso de liberdade.
Para ser livre,
Preciso poder sonhar.
Para sonhar,
Preciso crer no impossível.
Para acreditar,
Preciso enxergar portas.
Para passar,
Preciso sair de mim.
Para me transportar,
Preciso ir com firmeza.
Para me afirmar,
Preciso de alguém me ouvindo.
Para me ouvir,
Preciso poder dizer.
Para dizer,
Preciso de autonomia.
Para aprender...

Moaci Alves Carneiro
In: *Videscola*. Brasília: Instituto Interdisciplinar, 2004.

Sumário

Siglas, 11

Apresentação, 13

PARTE I, 15

A cartilha do MEC, 17

Educação inclusiva e escola inclusiva: o exemplo de outros países, 21

A descontaminação dos conceitos, 29

Decisões de algumas conferências internacionais sobre a educação inclusiva, 33

PARTE II – Excertos do documento do MPF e corpo de comentários, 39

Inclusão já, mas... por onde começar?, 104

Bibliografia, 111

Anexo, 115

Texto do documento – *O acesso de alunos com deficiência às escolas e classes comuns da rede regular*, 117

Siglas

Apae – Associação de Pais e Amigos dos Excepcionais
CF – Constituição Federal
DfEE – Department for Education and Employment / Departamento para Educação e Emprego
IBGE – Instituto Brasileiro de Geografia e Estatística
Inep – Instituto Nacional de Estudos Pedagógicos
LDB – Lei de Diretrizes e Bases da Educação
LDBEN – Lei de Diretrizes e Bases da Educação Nacional
Libras – Língua Brasileira de Sinais
Logse – Ordenación General del Sistema Educativo
Lopegce – Ley Orgánica de Participación, Evaluación y Gobierno de los Centros Educativos
MEC – Ministério da Educação e Cultura
MPF – Ministério Público Federal
Ocde – Organização para a Cooperação e o Desenvolvimento Econômico
ONU – Organização das Nações Unidas
RD – Real Decreto
Seesp – Secretaria de Educação Especial
TTA – Teacher Training Agency / Agência de Capacitação de Professores

Para desocultar os grandes eixos da legislação da educação, convém não distanciar, do horizonte de análise, a função do Estado de provedor de qualidade de vida da população e de provedor de equidade. Nesta perspectiva, o aparelho estatal define políticas e elege estratégias para operacionalizá-las. Dentre as políticas sociais básicas e permanentes, está a educação. O provimento de serviços educacionais põe-se, dessa forma, não apenas como resposta às postulações de uma cidadania fundamental, mas também como pré-requisito de eficácia social. O primeiro caso emerge como direito humano fundamental à generalização do acesso indiferenciado às oportunidades de desenvolvimento intelectual e de sociabilidade. No segundo caso, requer-se a alocação de recursos adequados para "plasmar" competências e habilidades apropriadas à reconquista permanente de padrões razoáveis de desenvolvimento, propiciadores de resultados socialmente relevantes.

Moaci Alves Carneiro
In: *LDB fácil. Leitura crítico-compreensiva artigo a artigo.* 12. ed. Petrópolis: Vozes, 2005.

# Apresentação

Na sociedade do conhecimento, as políticas sociais estão cada vez mais vinculadas à ampliação da cidadania. Na base deste processo estão os direitos fundamentais da pessoa humana. Dentre eles, o direito à educação.

A presença dos direitos fundamentais nas constituições, como direitos subjetivos da pessoa, abre espaço para a criação da categoria de fundamentalidade demandante de proteção especial.

A cidadania jurídica ganha importância na proporção direta da afirmação do direito democrático. Daí decorre a igualação dos direitos no âmbito da universalidade de todos os cidadãos do país, sem qualquer tipo de discriminação.

As pessoas com deficiência têm, pelas razões aqui expostas, os mesmos direitos que os demais cidadãos. É o que lhes assegura a Constituição Federal e é o que prescrevem diferentes Convenções Internacionais – como é o caso da Convenção da Guatemala – cujos documentos finais o Brasil é signatário.

O trabalho que ora o professor Moaci Carneiro apresenta está precisamente referenciado a um documento do Ministério Público Federal que aborda, a partir da Constituição Federal e da legislação infraconstitucional e, ainda, das decisões da Convenção da Guatemala, o campo do direito à educação das pessoas com deficiência.

Os aspectos tratados são complexos e polêmicos, porém todos de grande atualidade. Espera-se, dessa forma, que o texto *O acesso de alunos com deficiência às escolas e classes comuns: possibilidades*

Coleção Educação Inclusiva

e limitações possa contribuir positivamente para ampliar a visibilidade de educadores e de instituições educativas sobre as questões tratadas.

Brasília, setembro de 2006
Maria do Socorro Santos Uchôa Carneiro
Instituto Interdisciplinar de Brasília

Parte I

A primeira parte deste trabalho tem o objetivo de situar o leitor adequadamente no contexto da produção e das ideias do documento, organizado pelo Ministério Público Federal, sobre o acesso de alunos com deficiência às escolas e classes comuns. E, ainda, oferecer informações sobre como o princípio da educação inclusiva tem sido operacionalmente implementado em outros países (Itália, Reino Unido e Espanha). Apresenta-se, outrossim, uma curta relação de termos e expressões cuja circunscrição conceitual pode ajudar o leitor a uma melhor compreensão das ideias expostas.

A cartilha do MEC

Este nome foi dado equivocadamente ao documento *O acesso de alunos com deficiência às escolas e classes comuns da rede regular* por instituições e professores de educação especial do Brasil inteiro. Produzido pela Procuradoria Federal dos Direitos do Cidadão e tendo como organizador o Ministério Público Federal, através da Fundação Procurador Pedro Jorge de Melo e Silva, o documento traz, na apresentação, a chancela de duas autoridades: a doutora Cláudia Pereira Dutra, Secretária de Educação Especial do MEC, e a doutora Maria Eliane Menezes de Farias, Subprocuradora-Geral da República. Foi, precisamente, a participação da primeira na apresentação do documento que, na leitura do "grande público", transformou o texto em documento oficial do MEC.

Para a produção do texto, o Ministério Público Federal acionou um grupo de pessoas *interessadas na educação inclusiva*. Mais do que isso, estimulou a realização de oficinas de debates, envolvendo especialistas da área jurídica e pedagógica, além de ONGs. Ou seja, o documento teve uma gestação compartilhada e maturada durante algum tempo, antes de ser divulgado com o beneplácito da aprovação oficial do Ministério da Educação.

O texto é de estrutura bifocal: aborda aspectos do campo do Direito Constitucional com os desdobramentos imperativos na área do Direito Educacional e, ainda, oferece orientações pedagógicas para a organização e o funcionamento da escola inclusiva.

Discute-se fortemente se cabia à Seesp/MEC "chancelar" o documento, menos pelo que diz e mais pelo que deixa de dizer, estabelecendo-se equívocos e distorções para cujo esclarecimento esta publicação espera oferecer alguma contribuição. De qualquer sorte, é inegável a relevância da publicação e a grande contribuição que o Minis-

Coleção Educação Inclusiva

tério Público Federal oferece ao país de ampliar o campo de discussão de um assunto diretamente ligado à ideia de uma sociedade democrática com igualdade de oportunidades, como pretende ser a sociedade brasileira.

Um primeiro aspecto a esclarecer consta já da apresentação da secretária titular da Seesp/MEC. Em suas próprias palavras,

> o documento do Ministério Público *O acesso de alunos com deficiência às escolas e classes comuns da rede regular* apresenta um referencial para a construção dos sistemas educacionais inclusivos, organizados para atender o conjunto de necessidades e características de todos os cidadãos. Este **referencial** contém uma análise da legislação pertinente à educação especial e orientações pedagógicas que discutem a prática dos educadores. São considerações que traduzem os paradigmas atuais e defendem o acesso universal à escolaridade básica através da transformação da escola em um ambiente de convivência respeitosa, enriquecedora e livre de qualquer discriminação. A construção de uma sociedade inclusiva exige mudanças de ideias e práticas. Portanto, o Ministério da Educação apoia a implementação de uma nova prática social que viabilize escolas inclusivas que atendam a todos, independente das suas necessidades educacionais especiais, de forma a garantir a participação de todos.

Em sendo *um referencial*, o caráter mandatório e açodado do documento é arrefecido, ganhando a feição de instrumento informacional, remissivo e facilitador dos processos de construção da escola inclusiva. Por outro lado, ao apoiar a *implementação de uma nova prática social que viabilize escolas inclusivas*, o MEC acredita na gradualidade do processo. Distante, portanto, de radicalizações de procedimentos com a marginalização de instituições. Pelo menos, essa é a ideia de implementar/implementação: *iniciar, pôr em prática plano, programa ou projeto através de processos e etapas.* Ou seja, caminha-se para o horizonte de escolas que venham a atender a todos, *independentemente das suas necessidades especiais.* São as escolas inclusivas que funcionarão como fontes de germinação *para a construção de sistemas educacionais inclusivos.*

O acesso de alunos com deficiência às escolas e classes comuns

O documento do MPF, portanto, posiciona, em sua apresentação, ideias e conceitos com os quais todos os educadores e todas as instituições educacionais estão de pleno acordo, quais sejam:

• política nacional de educação inclusiva;

• construção de sistemas educacionais inclusivos;

• organização e funcionamento de escolas inclusiva;

• transformação da escola em ambiente livre de qualquer discriminação;

• implementação de uma nova prática social que *viabilize* (grifo nosso!) escolas inclusivas que atendam a todos.

Neste caso, onde está o problema? Precisamente no corpo do documento que, aqui e ali, passa da ortodoxia do dogmatismo jurídico a uma linguagem intimidativa, esquecendo-se de que não há inclusão escolar punitiva e que a maioria das instituições educativas que trabalha com alunos com deficiência foi pioneira, no Brasil, no desenvolvimento de ações inclusivas de educação. A experiência tem mostrado que, muitas vezes, na educação especial é preciso sentir o aluno primeiro para *consentir* a norma depois. Essa compreensão está dentro da perspectiva do princípio latino *summum jus, summa injuria*, ou seja, o maior direito pode ser a maior injustiça. A aplicação lógica, gramatical e excessivamente rígida da lei é abraçada no documento sob a desconsideração da heterogeneidade da sociedade brasileira, das condições de vida da população e da precariedade de funcionamento das escolas públicas. Rigorosamente falando, não temos sequer sistemas de ensino, senão, apenas, redes de escolas, em grande parte do território nacional. Tal circunstância, evidentemente, não impede o esforço do país em favor de uma política pública em educação que implemente e acelere o funcionamento da escola inclusiva. Esse horizonte está dentro da função social da escola e, portanto, deve constituir *compromisso educacional da escola comum*.

Aqui, convém salientar que é meia-verdade dizer-se que a escola especial surgiu, historicamente, para substituir a escola comum. De fato, a escola comum, limitada sempre nos meios materiais e nos recursos de apoio técnico-científico, criou interditos funcionais para receber os alunos que passariam a ser da escola especial. E, por fragilidade dos sistemas de ensino (redes de escolas), não foram construí-

Coleção Educação Inclusiva

das, entre elas, passarelas capazes de trabalhar linhas de convergência no campo da gestão e das práticas pedagógicas para o estabelecimento de *uma só escola para todos* (JOMTIEN, 1990). Este fato, aliás, traduz a tênue vinculação existente entre escolas, redes e sistemas de ensino, o que apenas confirma o desafio histórico que tem sido para o Brasil executar a ideia do *regime de colaboração e de interação dos sistemas de ensino* (LDB, art. 8º), providência fundamental para se assegurar dinamismo e sinergia à organização da educação nacional.

Sob essa ótica, o que se há de fazer é construir mecanismos de aproximação interinstitucional, evitando-se a dubiedade de enfoques que ora dizem que "[...] o advento da inclusão escolar [...] provocou muitas dúvidas sobre o papel da escola especial e até mesmo sobre a sua continuidade", ora concluem que

> [...] diante da inclusão, o desafio das escolas comuns/especiais é o de tornar claro o papel de cada uma, pois a educação para todos não nega nenhuma delas. Se os compromissos educacionais dessas não são sobrepostos nem substituíveis, cabe à escola especial complementar a escola comum, atuando sobre o saber particular que invariavelmente vai determinar e possibilitar a construção do saber universal (*Educação inclusiva*, Seesp/MEC, 2005:8).

Educação inclusiva e escola inclusiva: o exemplo de outros países

A inclusão educativa como movimento da sociedade planetária tem uma história de aproximadamente três décadas. Caminhou de forma deslinear e, no campo educacional, tomou corpo verdadeiramente na Europa a partir de 1990, quando foi aprovada a Resolução do Conselho e dos Ministros da Educação, por meio da qual os Estados-membros da União Europeia acordaram as medidas apontadas a seguir. De partida, é oportuno esclarecer que todas as normas têm um tom de harmonização (políticas de educação e sistemas de ensino) e de expansão gradual ("intensificar, desenvolver, fomentar, proporcionar, consagrar, (...) disponibilizar (...) um complemento educacional (...)").

Medidas da União Europeia:

• *Intensificar os seus esforços no sentido da integração ou do incentivo à integração dos alunos deficientes no sistema de ensino regular, em todos os casos adequados, no âmbito das respectivas políticas de educação e sistemas de ensino;*

• *Optar pela integração total no sistema de ensino regular em todos os casos adequados, devendo todos os estabelecimentos de ensino estar em condições de ir ao encontro das necessidades dos alunos e estudantes deficientes;*

• *Desenvolver e fomentar as relações entre a família, a escola, a comunidade, as atividades recreativas e o mundo do trabalho;*

• *Proporcionar a melhor qualidade de ensino possível aos alunos deficientes no ensino regular deve ser considerado uma parte importante e fulcral da promoção da integração e da autonomia dos deficientes;*

Coleção Educação Inclusiva

- *Consagrar às crianças e aos jovens deficientes em escolas e centros especiais um complemento educacional diferente do realizado pelo sistema de ensino regular;*
- *Ter na devida conta as necessidades individuais das crianças, dos jovens e dos pais, assim como as escolhas educacionais feitas na base de uma informação completa sobre as opções disponíveis;*
- *Disponibilizar as capacidades e métodos de ensino desenvolvidos do ensino especial ao ensino regular para benefício das crianças e dos jovens com necessidades especiais que aí são educados;*
- *Fomentar a cooperação entre todos os organismos interessados e consagrados às crianças e aos jovens deficientes, quer estes organismos representem o ensino escolar, a preparação para a vida profissional, as atividades recreativas, a saúde (incluindo a assistência psicológica e paramédica), quer os serviços sociais.*

Jornal Oficial das Comunidades Europeias, 1990.

Antes disso, a Itália, a Inglaterra, a França, os Estados Unidos, os Países Escandinavos e o Canadá experimentavam programas com foco inclusivo e que serviriam de referência para o desenvolvimento de outros sistemas educacionais, ampliando-se, assim, a presença de estudantes com deficiência nas escolas regulares.

É sempre conveniente destacar que, *em nenhum país*, a mudança foi feita abruptamente. E, quando isso foi tentado, os problemas também se multiplicaram. A Itália, por exemplo, tida como o primeiro país a fazer uma legislação promotora de um sistema educacional inclusivo radical, com a paralisação das atividades de todas as escolas especiais e a matrícula dos alunos nas escolas das localidades em que moravam, enfrentou tantos problemas que o período inicial da experiência passou a ser identificado como *integrazione salvaggio* (integração selvagem). Apenas cinco anos depois de implantada é que passou de fato a ser implementada mediante nova legislação complementar. Mesmo assim, a Lei 118/1971, ao declarar que a educação especial deveria ser oferecida no sistema regular de ensino, acrescentava: "(...) exceto para aquelas crianças que sofrem de comprometimento mental ou físico grave que tornem a educação regular impossível ou muito difícil". Além disso, foram tomadas as seguintes providências:

O acesso de alunos com deficiência às escolas e classes comuns

• os prédios escolares foram readequados;

• cada sala de aula regular recebia apenas duas crianças com necessidades especiais;

• cada sala de aula não podia ter mais de vinte alunos;

• cada escola deveria receber um professor de apoio para duas crianças com graves deficiências ou o dobro, no caso de crianças com deficiências leves. Ainda eram disponibilizadas equipes de apoio externo, constituídas de vários profissionais, como psicólogos, fonoaudiólogos, terapeutas, etc. Mesmo assim, como destaca Posternak (1979), serviços nem escolas estavam prontos para *responder às necessidades especiais de seus alunos*.

A experiência italiana serviu de fonte de inspiração para outros países, porém evitando-se a radicalização do processo.

A experiência inglesa merece, igualmente, ser observada como fonte de aprendizagem para os diversos sistemas de ensino que buscam alinhar políticas de inclusão educacional.

Pode-se dizer que, no Reino Unido, o processo foi-se dando por aproximação. Havia dificuldades diferentes daquelas da Itália. Seja sob o ponto de vista das motivações ideológicas, seja porque era difícil o engajamento dos profissionais da área de saúde, bem como o redimensionamento do tamanho das turmas. De qualquer sorte, o fundamental é que a legislação inglesa trabalhou em várias frentes, a começar pelas providências no campo da educação infantil, passando pela sensibilização/educação das famílias e comunidades até chegar aos distritos educacionais, escolas e professores. Portanto, ao longo de vários anos, houve um trabalho político intenso e concentrado, incluindo o financiamento de ações de convergência com forte mobilização dos governos locais para o desenvolvimento de agendas de educação inclusiva dentro de uma perspectiva de "(...) superação de barreiras e de aprendizagem vivenciada por alunos quaisquer" (AINSCOW, 1999:218).

Em uma visão panorâmica da condução inglesa do processo de implantação e implementação de escolas inclusivas, podem-se destacar as seguintes grandes linhas de ação:

• Conjunto de iniciativas no âmbito da primeira infância. Aqui vale como referência o documento *Meeting the Childcare Challenge*

Coleção Educação Inclusiva

(DfEE, 1999a). Trata-se de um documento de consulta com foco no "cuidado formal e informal de sustentabilidade financeira adequada a crianças entre zero e 14 anos em todos os bairros". As parcerias assumem papel fundamental e ocorrem com grupos voluntários locais institucionalizados e com *setores independentes*.

• Para responder aos desafios de famílias que, tendo filhos abaixo de quatro anos, viviam em regiões e em localidades com clara desvantagem econômica e com limitações materiais, o governo criou o programa *SURE START*, alocando recursos inicialmente para sessenta áreas-piloto e, depois, expandindo para todo o Reino Unido. Complementarmente, o Programa *PORTAGE*, importado da experiência americana e destinado à realização de visitas domiciliares a famílias localizadas em áreas rurais com desenvolvimento defasado, foi muito importante para o registro de "um quadro de situação da criança".

• A adoção do *Código de Prática para a Identificação e Avaliação das Necessidades Educacionais Especiais* (*Code of Practice on the Identification and Assessment of Special Educational Needs*, DfEE, 1994) teve consequências impactantes. E foi, certamente, a mais relevante iniciativa depois do *Warnock Report* (1978) que introduziu o conceito de *necessidades educativas especiais* (NEE), significando a intervenção educativa baseada nas necessidades da criança com foco em seu desenvolvimento e aprendizagem. Diz tal documento que

> a Educação Especial surge como um conjunto de processos utilizados como resposta específica às necessidades educativas especiais, moldada sob critérios pedagógico-educacionais e objetivando a promoção do desenvolvimento e da educação do aluno a partir do seu potencial pleno – físico, intelectual, estético, criativo, emocional, espiritual e social – e ajudando-o a viver como cidadão ativo, autônomo e ajustado (WARNOCK, 1978:47).

À guisa de informação, o conceito de necessidades já fora introduzido nos anos 70, como informa Gulliford (1971), o que significa dizer que, de fato, o Relatório Warnock o adotou mais tarde.

O Código de Prática, de partida, esclarece que todos os sistemas de ensino, envolvendo escolas e professores, tem a responsabilidade direta pela aprendizagem de TODAS AS CRIANÇAS, mas arremata que

O acesso de alunos com deficiência às escolas e classes comuns

mecanismos adicionais serão imprescindíveis para que tal ocorra. Como esclarece Mittler (2003:130),

> o Código de Prática estabelece as etapas que cada escola deve adotar para identificar, o mais cedo possível, as crianças que podem precisar de apoio adicional; fazer arranjos para adaptar o que a escola tem a oferecer para satisfazer as necessidades individuais desses alunos; estabelecer metas tanto para a criança como para os profissionais e revisar os objetivos à luz das respostas da criança.

• Outras providências legais adotadas, como buscar uma compreensão e uma prática mais estruturada das atividades correspondentes ao nível pré-escolar, mudaram *os objetivos da aprendizagem precoce e uma diligente avaliação de base*, cobrindo dimensões de linguagem, alfabetização, matemática e desenvolvimento psicossocial. Não menos importante, igualmente, foram os *Centros de Excelência da Primeira Infância*, os *Planos de Parcerias com os Pais* e uma forte *agenda de capacitação*, utilizando enfoques *multi* e *trans*disciplinar.

Nesse caso, foi muito importante a criação das *zonas de ação educacional*, com acréscimos de recursos para reforçar o compartilhamento de ações com os *Centros de Excelência da Primeira Infância*.

O capítulo da capacitação dos professores é certamente aquele que nos pode oferecer uma visão mais precisa e consequente de ações ao processo de implantação da escola inclusiva no Reino Unido. As ações, com o patrocínio do governo nessa área, podem ser assim sumarizadas:

• Programa amplo de capacitação, envolvendo: professores, diretores de escolas, membros de conselhos escolares e comunitários, políticos, legisladores, seja em âmbito local, seja em âmbito nacional e, ainda, os pais. Como anota Mittler (2003:186)

> sob o esquema de Subsídios para Apoio Educacional e Capacitação e os vários esquemas predecessores, o governo central tornou possível para as autoridades educacionais locais submeter propostas de solicitação de verbas a fim de cofinanciar a capacitação em áreas específicas, como comprometimento sensorial e dificuldades de aprendizagem graves, assim como para apoio a escolas regulares.

Coleção Educação Inclusiva

• Criação de Padrões Nacionais para a condição de Professor Qualificado (TTA, 1998b), com dois enfoques: a) padrões especificamente da sociedade inclusiva e que são diretamente responsáveis pela criação e disponibilização dos meios reclamados para o atendimento das necessidades educacionais especiais dos alunos e da escola e voltados para alunos com necessidades especiais; b) padrões que beneficiam TODOS OS ALUNOS indistintamente, embora sejam particularmente relevantes para alunos com necessidades educacionais especiais. Essa perspectiva envolve cuidados adicionais no âmbito da formação inicial e da formação continuada dos professores. Neste último caso, revelou-se conveniente um planejamento de capacitação que contemple grupos específicos de docentes, como:

– professores recém-graduados;

– professores com mais de cinco anos de trabalho;

– professores de classes regulares;

– professores de classes especiais;

– professores que trabalham com grupos particulares de alunos (deficientes auditivos, deficientes visuais, deficientes mentais, deficientes múltiplos, cadeirantes, etc.).

Vale destacar que todas essas iniciativas legais e programas do governo inglês se voltaram para a elevação dos padrões de qualidade dos serviços educacionais oferecidos, sempre envolvendo os legisladores, as instituições formadoras, os sistemas locais de administração, as famílias, as escolas, os professores, os alunos e, evidentemente, o trabalho com o planejamento educacional inclusivo como ferramenta de política pública que exige leis, regulamentos, metas, estratégias, articulações, parcerias e ações coordenadas.

De pronto, o Estado e os legisladores perceberam que cabe compreender que a escola inclusiva só existirá na moldura da sociedade inclusiva e que esta é diretamente responsável pela criação e disponibilização dos meios reclamados para o atendimento das necessidades educacionais especiais dos alunos e da escola.

Uma terceira experiência notável é a da Espanha, talvez o país que conseguiu, em menor espaço de tempo, consolidar uma política de estado consistente no campo da educação inclusiva. Mesmo assim, levou quinze anos.

O acesso de alunos com deficiência às escolas e classes comuns

A organização político-administrativa da Espanha é notável. A partir de 1978, o país foi-se organizando *progressivamente* em Comunidades Autônomas. A última lei que fecha o ciclo de reformas educativas, a Lopegee (Ley Orgánica de Participación, Evaluación y Gobierno de los Centros Educativos) é de 1995. O Plano Nacional de Educação Especial, apresentado em Salamanca, é de 1979. Em seu art. 23, o texto é claro: "O deficiente se integrará no sistema ordinário da educação geral, recebendo, conforme seu caso, os programas de apoio e recursos que a presente lei reconhece".

Em 1990, o Parlamento aprovou a Ordenación General del Sistema Educativo (Logse) que trouxe quatro mudanças substanciais, quais sejam:

• incorporação, pela primeira vez na legislação, do conceito de necessidades especiais com todas as implicações decorrentes;

• convergências de objetivos gerais para TODOS os alunos;

• possibilidade de se fazerem adequações no currículo;

• participação dos pais e responsáveis em todos os aspectos envolvidos na escolarização dos alunos.

A legislação inclui a reconversão dos Centros de Educação Especial de duas formas:

I. Escolarização em Centros de Educação Especial daqueles alunos com necessidades educativas permanentes "(...) quando se considera que seria mínimo seu nível de adaptação e de integração social em um centro escolar ordinário" (RD 699, sec. 2º, art. 19.1).

II. Configuração gradual dos Centros de Educação Especial sob a forma de Centros de Recursos Educacionais abertos aos profissionais dos Centros Educativos do setor (RD 696, sec. 2º, art. 24.2).

Dois "Reais Decretos" vieram complementar as leis orgânicas: a) o Real Decreto 696/1995, *que regula as condições para a alteração educacional dos alunos com necessidades especiais,* vinculadas à sua história pessoal; b) o Real Decreto 229/1996, *de ordenação das ações dirigidas à compensação das desigualdades em educação.*

O debate da reforma da Educação Especial e as ações para a implantação da escola para todos na Espanha começa propriamente a partir do Real Decreto 334/1985. Mas é com o Logse/1990 que "se

27

Coleção Educação Inclusiva

vai assumindo progressivamente uma política educacional e curricular comum para todos os estudantes" (GAIO & MENEGHETTI, 2004:60).

Essas experiências aqui relatadas conduzem às seguintes conclusões:

I. O princípio da educação inclusiva é contagiante.

II. A implantação da escola inclusiva é desejo de todos.

III. Todas as conquistas no horizonte de *UMA SÓ ESCOLA PARA TODOS* foram graduais e levaram entre 15 e 20 anos. Quando houve açodamento – caso da Itália –, aumentaram os problemas.

IV. Nenhum destes países conseguiu levar TODOS os alunos para a escola regular.

V. Em todos os casos, prevalecem a negociação, a sensibilização, a preparação dos sistemas, das escolas e dos professores, e não *a força da lei*.

VI. As mudanças significativas foram graduais e sempre com estratégias e mecanismos que levam a escola da reflexão ao destravamento.

VII. A cultura da diversidade envolve a participação da família, da comunidade, dos professores e dos legisladores.

VIII. O princípio da inclusão é a resposta educativa à diversidade dos alunos.

IX. A compreensão da necessidade de flexibilidade nos itinerários formativos como resposta à pluralidade é imperiosa.

X. A construção das mudanças deve ocorrer sem imposição nem ameaças de punição às instituições. Como alerta Sapon-Chevin (1990), *"não se deve transformar tudo de uma só vez. A própria natureza ensina isto: quando se aborta, não se dá à luz"*.

A descontaminação dos conceitos

Para evitar confusões semânticas, vamos tentar delimitar a significação de algumas palavras e expressões que circunscrevem praticamente o corpo do trabalho. Vejamos mesmo que de forma perfunctória.

INCLUSÃO

Movimento da sociedade (sociedade inclusiva) voltado para produzir a igualdade de oportunidades para TODOS. Quando focada sob o ângulo individual, a inclusão supõe que cada um tenha a oportunidade de fazer suas próprias escolhas e, em consequência, construir sua própria identidade pessoal e social. A isso, a literatura especializada chama de *autodeterminação*.

EDUCAÇÃO INCLUSIVA

Conjunto de processos educacionais decorrente da execução de políticas articuladas impeditivas de qualquer forma de segregação e de isolamento. Essas políticas buscam alargar o acesso à escola regular, ampliar a participação e assegurar a permanência de TODOS OS ALUNOS nela, independentemente de suas particularidades. Sob o ponto de vista prático, a educação inclusiva garante a qualquer criança o acesso ao Ensino Fundamental, nível de escolaridade obrigatório a todo cidadão brasileiro.

SISTEMA DE ENSINO

Os sistemas de ensino possuem uma configuração própria de acordo com a esfera administrativa (CF, art. 18) e uma "compreensão" específica de acordo com a LDB, artigos 16, 17 e 18. São norteados por

Coleção Educação Inclusiva

normas comuns de âmbito nacional e, ainda, por normas comuns do respectivo sistema. O seu horizonte inicial de referência para a produção de políticas públicas está marcado no art. 5º e, ainda, nos artigos 205 a 214 da CF. Esses dispositivos foram incorporados à LDB e todo o capítulo III, seção I da CF, com os respectivos desdobramentos na LDB.

Escola inclusiva

Instituição de ensino regular aberta à matrícula de TODOS os alunos indistintamente. Este conceito é a base de sustentação da compreensão de escola que, além de trabalhar o conhecimento universal nas suas manifestações contemporâneas, tem, também, a responsabilidade de objetivar processos de aprendizagem de acordo com as particularidades de cada aluno.

Acesso escolar

Efetivação do direito de qualquer aluno se matricular em escola regular de ensino, sem qualquer tipo de restrição. Considerando o princípio constitucional da igualação de direitos (CF, art. 5º), o conceito de acesso escolar está vinculado, por extensão, ao conjunto de princípios que fundamentam a organização do ensino, nos termos do art. 3º da LDB, inclusive ao conceito de *permanência* na escola.

Aluno com deficiência

Indivíduo com "uma restrição física, mental ou sensorial, de natureza permanente ou transitória, que limita a capacidade de exercer uma ou mais atividades essenciais da vida diária, causada ou agravada pelo ambiente econômico e social" (Convenção da Guatemala/ Decreto 3.956/2001).

Rede regular

Reunião de escolas comuns vinculadas a um sistema de ensino e cuja autorização de funcionamento se dá nos termos previstos na Lei de Diretrizes e Bases da Educação Nacional (LDBEN).

ESCOLAS E CLASSES COMUNS

Comuns são as escolas que operam de acordo com as exigências da Constituição Federal e da legislação infraconstitucional e cuja autorização de funcionamento ocorre nos termos da LDB e dos dispositivos complementares de cada sistema de ensino. As classes comuns, por outro lado, são uma forma de distribuição dos alunos adotada pelas escolas comuns em função do nível de conhecimento destes. Na educação básica, as escolas e classes comuns são organizadas de acordo com regras comuns previstas no art. 24 da LDB.

SISTEMAS EDUCACIONAIS

Estruturas educacionais sistemicamente organizadas para oferecer, a TODOS os alunos, educação escolar nos termos do art. 1º, § 1º da LDB. Enquanto estruturas organofuncionais de educação escolar, os sistemas educacionais são responsáveis diretos pela definição, implantação, implementação, acompanhamento e avaliação de políticas educacionais e de gestão. Os sistemas educacionais possuem uma configuração definida por normas comuns de âmbito nacional e, ainda, por normas específicas do respectivo sistema. O seu horizonte inicial de referência funcional para a produção de políticas públicas está ancorado no art. 5º da CF e em todo o Capítulo III (Da Educação, da Cultura e do Desporto), seção I (Da Educação) da CF, com os respectivos desdobramentos na LDB. Em assim procedendo, os sistemas educacionais são *inclusivos*. Sob o ponto de vista operativo, os sistemas educacionais inclusivos devem trabalhar com estratégias do tipo:

I. Regulamentos e instruções que realcem políticas educacionais comuns e assegurem a igualdade de acesso ao ensino obrigatório, como direito público subjetivo (CF, art. 208, § 1º).

II. Planejamento Estratégico e Planos Articulados de Ação a curto, médio e longo prazos.

III. Mecanismos coerentes e consistentes de assistência técnica e financeira e de cooperação.

IV. Insumos variados para a progressiva institucionalização do regime de colaboração.

V. Sistemas robustos de informação e redes dinâmicas de disseminação.

VI. Instrumentos de avaliação formativa, identitária e continuada.

VII. Critérios para definição permanente de prioridades com metas e cronogramas.

SISTEMAS EDUCACIONAIS INCLUSIVOS

Estruturas e organizações funcionais de concepção, desenvolvimento, implantação, implementação e acompanhamento de políticas de educação. Trabalham sob o ponto de vista operacional com os seguintes focos, entre outros:

• garantia de acesso, da permanência e de aprendizagem dos alunos, com o compromisso público de desenvolver, ao máximo, suas potencialidades;

• garantia a todos os alunos em idade escolar não apenas da matrícula, mas também do vivenciamento pleno do currículo e do feixe de experiências disponibilizadas pela rede escolar;

• arregimentação e financiamento dos meios concretos de apoio à aprendizagem, a ponto de possibilitar destacar, através do planejamento sistêmico, o que é relevante e possível a cada aluno;

• montagem de estratégias e de ações articuladas para que os alunos com necessidades educacionais especiais possam ingressar e realizar, com êxito, seu itinerário de formação escolar.

Decisões de algumas conferências internacionais sobre a educação inclusiva

Entre 5 e 9 de março de 1990, realizou-se a *Conferência Mundial sobre a Educação para Todos* em Jomtien, na Tailândia. Durante dois anos, a agenda foi preparada a partir da constatação de que, em termos globais, um em cada cinco seres humanos não tem acesso à educação.

Patrocinada pela Unesco, Unicef, Pnud e Banco Mundial, o foco do evento foi conscientizar os governos sobre a educação básica como prioridade.

A "Declaração Mundial" da Conferência refere-se a sete tipos de alianças e parcerias, a saber:

• intergovernamentais;

• intersecretariais;

• intergovernamentais e não governamentais (ONGs);

• com envolvimento comunitário;

• com envolvimento das famílias;

• com envolvimento empresarial;

• com envolvimento de todos.

Essas alianças deverão ser fixadas a partir dos seguintes *pressupostos*:

• vinculação estreita entre o estabelecimento de políticas educacionais e a recuperação da condição da cidadania;

• participação ampla e solidária para a construção do conhecimento;

Coleção Educação Inclusiva

- interação entre educandos e educadores;
- compreensão *contextualizada* (grifo nosso) das condições de vida das populações;
- políticas públicas para a melhoria da distribuição da renda;
- posicionamento do Estado como o principal articulador do atendimento às demandas sociais;
- responsabilidade da sociedade de fiscalizar as políticas educacionais.

Jomtien não apenas **firmou** a *Declaração Mundial sobre a Educação para Todos* mas também **confirmou** um *Plano de Ação para Satisfazer as Necessidades Básicas de Aprendizagem*.

Pelo documento, a EDUCAÇÃO PARA TODOS tem os seguintes objetivos:

- *Artigo 1* – Satisfazer as necessidades básicas de aprendizagem.
- *Artigo 2* – Expandir o enfoque.
- *Artigo 3* – Universalizar o acesso à educação e promover a equidade.
- *Artigo 4* – Concentrar a atenção na aprendizagem.
- *Artigo 5* – Ampliar os meios e o raio de atuação da educação básica.
- *Artigo 6* – Propiciar um ambiente adequado à aprendizagem.
- *Artigo 7* – Fortalecer as alianças.
- *Artigo 8* – Desenvolver uma política contextualizada de apoio.
- *Artigo 9* – Mobilizar os recursos.
- *Artigo 10* – Fortalecer a solidariedade internacional.

*Declaração Mundial sobre Educação para Todos:
satisfação das necessidades básicas de aprendizagem.*

Os princípios de ação dirigem-se a dois níveis de abrangência, como se pode ver:

A – NÍVEL NACIONAL

- Avaliar necessidades e planejar ações.

- Desenvolver um contexto político favorável.
- Definir políticas para a melhoria da educação básica.
- Aperfeiçoar capacidades gerenciais, analíticas e tecnológicas.
- Mobilizar canais de informação e comunicação.
- Estruturar alianças e mobilizar recursos.

B – NÍVEL MUNDIAL

- Cooperar no contexto internacional.
- Fortalecer as capacidades nacionais.
- Prestar apoio contínuo e de longo prazo às ações nacionais e regionais.

A formulação operativa desses princípios é a seguinte:

- avaliação das estruturas e dos sistemas existentes;
- ações multissetoriais para a adoção de medidas voltadas ao fomento da participação mais ampla na concepção e na execução dos programas de educação básica;
- estratégias específicas orientadas para melhorar as condições da escolaridade com os seguintes focos:
  - os educandos e seu processo de aprendizagem;
  - os educadores e administradores;
  - o currículo e a avaliação da aprendizagem;
  - os materiais didáticos e as instalações;
  - melhoria da infraestrutura de educação infantil, uma vez que as precondições para a qualidade, equidade e eficácia da educação básica são construídas na primeira infância;
  - uso de tecnologia adequada variável de acordo com as características de cada sociedade.
- Apropriação de canais de informação e de comunicação que exercem poderosa influência na satisfação das necessidades básicas de aprendizagem.
- Estruturação de alianças e mobilização de recursos.
- Intercâmbio de experiências e competências.
- Empreendimento de atividades conjuntas.

A Convenção Interamericana para a Eliminação de Todas as Formas de Discriminação contra a Pessoa Portadora de Deficiência (GUATEMALA, 2001) é a segunda conferência a se destacar pela relevância da agenda. Os focos principais foram assim formulados:

Focos:

a) impossibilidade de diferenciação com base na deficiência;

b) definição de discriminação como toda diferenciação, exclusão ou restrição baseada em deficiência;

c) inaceitabilidade da percepção de deficiência presente ou passada que busque anular o reconhecimento, gozo ou exercício por parte das pessoas portadoras de deficiência, de seus direitos humanos e suas liberdades fundamentais (art. 1, nº 2, "a").

Esse conteúdo é peremptório e direto, ou seja, se não é possível fazer qualquer diferenciação com base na deficiência, o lugar do aluno da educação especial é na escola regular. Esta a razão da referência do documento do Ministério Público Federal – impropriamente chamado de CARTILHA DO MEC – à Convenção Interamericana para a Eliminação de Todas as Formas de Discriminação contra a Pessoa Portadora de Deficiência, conhecida como Convenção da Guatemala.

Por fim, cabe destacar a Declaração de Salamanca, da qual o Brasil é signatário.

Em junho de 1994, estiveram reunidos 88 países e 25 organizações internacionais na Conferência Mundial de Educação Especial que culminou na aprovação do documento *Declaração de Salamanca sobre princípios, política e prática em educação especial.*

A Declaração estabelece que os governos:

a) atribuam a mais alta prioridade política e financeira ao aprimoramento de seus sistemas educacionais no sentido de se tornarem aptos a incluírem todas as crianças, independentemente de suas diferenças ou dificuldades individuais;

b) adotem o princípio de educação inclusiva em forma de lei ou de política, matriculando todas as crianças em escolas regulares, a menos que existam fortes razões para agir de outra forma;

c) encorajem e facilitem a participação de pais, comunidades e organizações de pessoas portadoras de deficiências nos processos

O acesso de alunos com deficiência às escolas e classes comuns

de planejamento e tomada de decisão concernentes à provisão de serviços para necessidades educacionais especiais;

d) invistam mais esforços em estratégias de identificação e intervenção precoces, bem como nos aspectos vocacionais da educação inclusiva;

e) garantam que, no contexto de uma mudança sistêmica, programas de treinamento de professores, tanto em serviço como durante a formação, incluam a provisão de educação especial dentro das escolas inclusivas;

f) estimulem a comunidade acadêmica no sentido de fortalecer pesquisas que se concentram nos assuntos que tratam dos problemas das pessoas portadoras de deficiência.

Em conformidade com o texto da Declaração, o princípio básico que orienta a Estrutura de Ação em Educação Especial é o da inclusão, ou seja, o princípio fundamental da escola inclusiva é o de que todas as crianças devem aprender juntas, *sempre que possível*, independentemente de quaisquer dificuldades ou diferenças físicas, intelectuais, sociais, emocionais, linguísticas ou outras.

Todas essas magnas conferências definem compromissos da parte dos países signatários, dentre os quais está o direito à escola comum por parte de todos INDISTINTAMENTE.

No caso da Convenção da Guatemala, cujo documento final foi aprovado pelo Congresso Nacional por meio do Decreto Legislativo 198, de 13 de junho de 2001, e promulgado pelo Decreto 3.956, de 8 de outubro de 2001, fica evidente a obrigação do cumprimento pelo Brasil do ali estabelecido. Porém, de acordo com o princípio universal da razoabilidade, como retirar todas as crianças das instituições educativas para colocá-las em escolas comuns de uma só vez se estas escolas já não atendem adequadamente os alunos que nelas estão? As escolas foram consultadas? Os professores foram ouvidos? Os gestores dos sistemas estão de acordo? Os sistemas de ensino estão preparados e adequados para receber todos os alunos? O governo federal aportou recursos adicionais a estados e municípios para os programas de adequação de infraestrutura, de capacitação continuada dos professores? Nenhuma decisão de convenção internacional estabelece que TODOS os alunos devem ser matriculados na escola regular de uma só vez. Tampouco, determina o desalojamento de alunos das instituições educacionais especiais para matrícula em escolas e classes comuns de qualquer forma. Pelo contrário, aponta as vias das alianças estratégicas, das parcerias e das complementaridades como a forma de construção dos caminhos da Educação Inclusiva. Na verdade, para todos, em qualquer lugar do mundo, mas principalmente em sociedades tão desiguais como a brasileira, a escola jamais alcançará padrões de qualidade (LDB, art. 3º, inc. IX) sem formas de supletividade.

Em todos os países do mundo, o princípio-ação educacional inclusivo foi preparado e implantado dentro de um esquema de progressividade temporal, com planejamento, legislação e regulamentos apropriados, estratégias, gradualidade de ações programadas, fontes próprias de financiamento, programas de formação inicial e continuada de professores, sistemas de avaliação refeitos, procedimentos de gestão reconceituada e amplo envolvimento da sociedade. Ou seja, buscam-se formas de reduzir a exclusão pela execução do *princípio da inclusão que não exclui*.

Parte II

Excertos do documento do MPF e corpo de comentários

Para orientação do leitor, convém observar o que segue:

a) destaca-se, inicialmente, um excerto do texto *O acesso de alunos com deficiência às escolas e classes comuns da rede regular*;

b) o destaque vem sempre entre aspas;

c) apresentam-se os comentários a seguir;

d) convém que o leitor, antes de iniciar a leitura dos comentários, localize o excerto no corpo do documento que está anexado ao final deste livro. O objetivo é uma visão vinculada e contextualizada do excerto comentado no corpo da publicação em apreço.

I – EXCERTO

"O objetivo é divulgar os conceitos mais atuais e adequados às diretrizes mundiais de inclusão da pessoa com deficiência na área educacional. Apesar desta publicação ter o enfoque em crianças e adolescentes com deficiência – porque são as mais vulneráveis em razão da não adaptação arquitetônica e pedagógica das escolas em geral –, o que se defende é uma educação ministrada com a preocupação de acolher a TODAS as pessoas. Ou seja, sem preconceitos de qualquer natureza e sem perpetuar as práticas tradicionais de exclusão, que vão desde as discriminações negativas até uma bem-intencionada reprovação de uma série para outra."

1 – Comentários

O objetivo proposto é de extrema relevância: *divulgar os conceitos mais atuais e adequados às diretrizes mundiais de inclusão da pessoa com deficiência.* E o próprio texto é esclarecedor sobre o sentido dos atributos *atual* e *adequado*, que circunscrevem o termo conceito, ao dizer que "(...) o que se defende é uma educação ministrada com a preocupação de *acolher* (grifo nosso) a TODAS as pessoas". Acolher *é oferecer amparo, proteção* ou *conforto*, recepcionar. No caso da educação, acolher certamente não significa submeter alunos e instituições a uma camisa de força, aprisionando-os em fórmulas legais caudatárias de uma interpretação gramatical, lógica e restritiva. Qualquer que seja o contexto de implementação do princípio da educação inclusiva, há que se considerar as condições objetivas da realidade e *a relação do direito com os outros saberes humanos* (HERKENHOFF, 1997:179). O direito à educação, um dos direitos humanos fundamentais, terá que ser exercido a partir da constatação de que "a educação escolar enfrenta hoje em nosso país um momento especialmente crítico. Assistimos a uma crise da escola pública que, atrevemo-nos a afirmar, assume proporções jamais vistas" (CANDAU et al., *Oficinas pedagógicas de direitos humanos*, 5. ed., 2002).

Essa constatação, evidentemente, é um argumento adicional para se buscarem rotas concretas de objetivação de *uma só escola para todos*, com qualidade. Mas tal caminho não pode ser forçado, senão reforçado. Trata-se, na verdade, de uma janela sobre a utopia. Como diz

Coleção Educação Inclusiva

Galeano (1993), "ela está no horizonte – diz Fernando Birri: Aproximo-me dois passos. Caminho dez passos. Caminho dez passos e o horizonte fica dez passos mais longe. Por muito que eu caminhe, nunca a alcançarei. Para que serve a utopia? Serve para isto: caminhar".

Na verdade, a experiência tem mostrado que todas as rotas da educação são longas, tortuosas e questionadoras. A razão é simples: os processos educacionais se sustentam em processos culturais, todos eles entranhados em complexidades e contradições. A sociedade não é uma realidade linear e os sistemas de ensino e as escolas são uma radiografia dessa sociedade. Ou seja, a educação evolui na medida da reengenharia social. *Construir uma escola sem paredes* (CARNEIRO, 2002) importa em destravar os sonhos. E quem sonha não *rompe, irrompe*.

O acesso de alunos com deficiência às escolas e classes comuns

II – EXCERTO

"Sempre que o direito de acesso à escola comum da rede regular é questionado e descumprido, a principal alegação é a dificuldade das escolas para receber esses alunos, especialmente os casos em que a deficiência é mais severa. Com base nesse argumento, o grupo responsável pela elaboração deste documento decidiu abordar os seguintes itens:

a) informações referentes a aspectos jurídicos e educacionais;

b) orientações pedagógicas que demonstram não só a viabilidade de se receber na mesma sala de aula TODAS as crianças e jovens, mas o quanto qualquer escola que adote esses princípios inclusivos pode oferecer educação escolar com qualidade para alunos com e sem deficiências."

2 – Comentários

É procedente a constatação na prática do estreitamento de acesso à escola comum da rede regular de ensino de alunos considerados da educação especial. Não se pode falar propriamente em descumprimento legal, o que implicaria um ato deliberado de vontade contra a ordem legal, tipificando um crime. Não se pode dizer que as instituições educativas e escolas comuns são criminosas, senão que, face às precárias condições de funcionamento da escola pública, pondera-se haver limitadas possibilidades de adequado atendimento escolar a esses alunos. No caso de alunos com deficiência mais severa, a preocupação das escolas traduz o seu alto nível de responsabilidade socioeducativa, uma vez que 90% das escolas públicas estaduais e municipais do país não contam com equipes técnicas e clínicas para uma ação intersetorial de "acolhimento" a essas pessoas. Ademais, é necessário destacar que a "educação escolar" (LDB, art. 1º, § 1º) tem finalidades próprias. Ou seja, não se pode transformar a sala de aula em clínica de atendimento a necessidades permanentes de cuidados à saúde. O trabalho do professor tem outra especificidade, não podendo ser confundido com o de enfermeiro nem com o de membro do Programa de Saúde Familiar (PSF).

Olhando nessa perspectiva, diz Schwartzman (1997:63):

> O problema que temos de discutir refere-se aos portadores de deficiências mais severas e, nesse caso, teremos de discutir a possibilidade de oportunidade de uma integração caso a caso, pois, embora dentro de um mesmo grupo, digamos, dos portadores de deficiências motoras, é claro que na dependência do grande comprometimento funcional será impossível a frequência a uma classe regular. Alguns desses indivíduos necessitam de adaptações tão complexas e individualizadas que, por vezes, o programa escolar a eles oferecido terá de ser montado de acordo com suas necessidades particulares.

E arremata:

> Determinar, por força de lei, que crianças com necessidades especiais sejam absorvidas pelo nosso sistema regular de ensino, que não consegue dar conta, atualmente, *sequer das crianças ditas normais* (grifo nosso), é pretender uma solução fácil e ilusória para o problema da educação especial.

O acesso de alunos com deficiência às escolas e classes comuns

III – EXCERTO

"O que diz a Constituição Federal?

A nossa Constituição Federal elegeu como fundamentos da República a cidadania e a dignidade da pessoa humana (art. 1º, inc. II e III), e, como um dos seus objetivos fundamentais, a promoção do bem de todos, sem preconceitos de origem, raça, sexo, cor, idade e quaisquer outras formas de discriminação (art. 3º, inc. IV).

Garante ainda expressamente o direito à igualdade (art. 5º), e trata, nos artigos 205 e seguintes, do direito de TODOS à educação. Esse direito deve visar o 'pleno desenvolvimento da pessoa, seu preparo para o exercício da cidadania e sua qualificação para o trabalho' (art. 205).

Além disso, elege como um dos princípios para o ensino a 'igualdade de condições de acesso e permanência na escola' (art. 206, inc. I), acrescentando que o 'dever do Estado com a educação será efetivado mediante a garantia de acesso aos níveis mais elevados do ensino, da pesquisa e da criação artística, segundo a capacidade de cada um' (art. 208, V).

Portanto, a Constituição garante a todos o direito à educação e ao acesso à escola. Toda escola, assim reconhecida pelos órgãos oficiais como tal, deve atender aos princípios constitucionais, não podendo excluir nenhuma pessoa em razão de sua origem, raça, sexo, cor, idade, deficiência ou ausência dela."

3 – Comentários

Onde há sociedade humana, há direito. Os direitos essenciais são aqueles inseparáveis do indivíduo. Seu respeito cabe a todos em geral e a cada um em particular. São essenciais visto que derivados da própria essência do ser humano e fundamentais porque estão nos fundamentos da ordem social e compreendem as diferentes formas de explicitação. Esta a razão por que são denominados direitos humanos fundamentais ou, simplesmente, humanos. O exercício pleno desses direitos constitui a própria rota de construção da cidadania. Por outro lado, a dignidade da pessoa humana "é um dado transcendente e suporte indispensável de qualquer organização social que afirme a exis-

Coleção Educação Inclusiva

tência de Direitos Humanos Fundamentais e se disponha a torná-los efetivos e assegurados pela sociedade e pelo Estado, como um bem impostergável" (OLIVEIRA, 2000:11).

A promoção do bem comum supõe a eliminação de todas as formas de preconceitos e de discriminação, o que conduz necessariamente à situação de igualação de direitos.

Quando se põem essas diferentes angulações da Lei Magna na moldura da educação – um dos direitos sociais nos termos do art. 6º da CF –, compreende-se o alcance do ordenamento constitucional contido no art. 205, ao estabelecer que:

> A educação, direito de todos e dever do Estado e da família, será promovida e incentivada com a colaboração da sociedade, visando o pleno desenvolvimento da pessoa, seu preparo para o exercício da cidadania e sua qualificação para o trabalho.

O horizonte desse direito está desenhado em angulações a que jamais se chega plenamente, ou seja, perspectivas que nenhuma escola vai alcançar inteiramente porque se trata de uma educação em processo permanente. Nem por isso as escolas estão descumprindo a norma constitucional. Na verdade, a Constituição é um sistema aberto de regras e princípios. Para Canotilho (1994:165), é um sistema aberto porque tem uma estrutura dialógica, (Caliess) *traduzida na disponibilidade e "capacidade de aprendizagem" das normas constitucionais para captarem a mudança da realidade e estarem abertas às concepções cambiantes da verdade e da justiça.*

Pode-se inferir dessa visão a compreensão do texto constitucional como busca constante, uma vez que jamais está pronto e acabado, mas sempre em processo de construção. Dessa forma, atender aos princípios constitucionais na educação significa poder contar com uma estrutura de materialidade de meios disponibilizada, no Ensino Fundamental, pelo Estado, a quem cabe assegurar a oferta e a qualidade da oferta de tal modalidade educacional a TODOS.

Quando os meios são ou estão indisponíveis, a escola coloca-se, também, em estado de indisponibilidade para atender *às necessidades básicas de aprendizagem* (JOMTIEN, 1990) daqueles que a procuram. Na verdade, não é a escola que não quer, mas a escola que não pode.

O acesso de alunos com deficiência às escolas e classes comuns

IV – Excerto

"Existe viabilidade prática em se receber TODOS os alunos? Apenas esses dispositivos legais bastariam para que ninguém negasse a qualquer pessoa com deficiência o acesso à mesma sala de aula de crianças ou adolescentes sem deficiência. Mas o argumento que vem logo em seguida é sobre a impossibilidade prática de tal situação, principalmente diante da deficiência mental."

4 – Comentários

Os dispositivos legais exigem condições objetivas para sua plena aplicação. E cabe ao Estado propiciá-los nas várias esferas administrativas. Esta questão é antiga e universal. Por isso, diz-se que "a educação é uma questão que deve ser enfrentada em etapas, pois tão importante quanto a tecnologia de um país e a formação de bons quadros no terceiro grau é a educação básica, que deve ser ofertada a todos (MALISKA, 2001:225). O grande Piaget, em seu texto clássico *Para onde vai a educação* (1973:43), diz que "o abismo que ainda separa a educação, tal como ela se apresenta na realidade, daquilo em que implica o direito à educação, (...) *só poderá ser suprimido por etapas*" (grifo nosso). Em primeiro lugar, trata-se de diferenciar o direito à educação de primeiro grau, reconhecido por todos os países – mas cuja aplicação ainda esbarra, em territórios imensos, com dificuldades intransponíveis –, do direito ao ensino de segundo grau, que ninguém ainda reconhece. A seguir, tratar-se-á de estabelecer a diferença entre o direito de frequentar uma escola organizada e o de ali encontrar tudo quanto pressuporia "o pleno desenvolvimento da personalidade humana".

É importante enxergar e compreender que a atual Constituição brasileira deu relevantíssima importância ao direito à educação, cometendo-lhe a prerrogativa de direito fundamental social e, ainda, fixando ser dever do Estado prestá-lo. Isto importa que

> é tendo em conta uma adequada teoria dos direitos fundamentais como elementos fundadores da ordem jurídica que o direito à educação, em suas mais diversas peculiaridades, deve ser pensado. Compreender adequadamente os direitos

Coleção Educação Inclusiva

fundamentais revela-se um quesito preliminar no estado do direito à educação" (MALISKA, 2001:293).

Caminhar nessa direção é induzir políticas sociais voltadas para a ampliação da cidadania. O processo de construção desta cidadania, por sua vez, é eivado de paradoxos à medida que se revelam, na concepção de Jacobi (2002:20), três dinâmicas concomitantes: a) o reconhecimento e a construção das identidades dos diferentes sujeitos envolvidos; b) o contexto da inclusão das necessidades expressas por diferentes sujeitos sociais; c) e a definição de novas agendas de gestão, visando estender os bens a amplos setores da população.

Torna-se imperioso, assim, aproximar crescentemente legalidade e legitimidade porque, nas sociedades complexas e pluralistas, o problema de legitimidade puramente racional-legal apresenta-se insuficiente, uma vez que ela depende da contínua renovação do pacto social através da reabertura permanente do conteúdo da justiça e da própria legitimidade dos procedimentos (BOBBIO, 1986; FEDOZZI, 2001; LAFER, 1988; RAWES, 1993).

V – Excerto

"Tal ponto será abordado no item Orientações Pedagógicas, em que se demonstrará não só a viabilidade, mas os benefícios de receber, na mesma sala de aula, a TODAS as crianças. Assim, quando nossa Constituição Federal garante a educação para todos, significa que é para todos mesmo, em um mesmo ambiente, e este pode e deve ser o mais diversificado possível, como forma de atingir o pleno desenvolvimento humano e o preparo para a cidadania (art. 205, CF)."

5 – Comentários

De fato, educação para TODOS é "para todos mesmo", como princípio e regra geral. No entanto, circunstâncias há em que seguir a regra geral é atentar contra a dignidade da pessoa humana, cujo respeito é princípio fundamental de todo o ordenamento constitucional.

Assim, colocar todas as crianças indistintamente nas classes comuns, ignorando situacionalidades intransponíveis de comprometimento funcional, é praticar o que Restrepo (1994:35) chama de *analfabetismo afetivo*.

Essa é a razão por que a Declaração de Salamanca (1994) prevê a possibilidade de existência legal e legítima da exceção, como se pode verificar nos seguintes passos:

> Todos os governos devem adotar em suas leis e políticas o princípio da educação inclusiva, matriculando todas as crianças nas escolas comuns, A MENOS QUE HAJA RAZÕES DE FORÇA MAIOR PARA NÃO FAZÊ-LO (grifo nosso), (...) desenvolver projetos de demonstração e estimular intercâmbios com países que tenham experiência com escolas inclusivas, (...) investir maior esforço em estratégias de identificação e intervenção precoces, bem como em aspectos profissionais da educação inclusiva (p. ix).

> Há um emergente consenso de que crianças e jovens com necessidades especiais devam ser incluídas nos planos educativos FEITOS PARA A MAIORIA DAS CRIANÇAS (grifo nosso). Isto levou ao conceito de escola inclusiva (p. 6).

Coleção Educação Inclusiva

Dentre os países paradigmáticos em termos de desenvolvimento, não há um único em que 100% das crianças estejam na rede regular de ensino. Se é verdadeiro que grande parte frequenta as escolas comuns, não menos verdadeiro é que há um resíduo que, face a circunstâncias particulares absolutamente limitativas, trabalha com programas alternativos de educação convivencial e não, propriamente, de educação escolar.

Os dois excertos da Declaração de Salamanca ora destacados falam em *projetos de demonstração*, em *estimular intercâmbios com países que tenham experiência com escolas inclusivas*, em *investir maior esforço em estratégias de identificação e intervenção precoces*. Isso é tudo que professores e instituições gostariam que estivesse acontecendo; no entanto, somos órfãos de políticas públicas nesse sentido. Na verdade, quem tenta fazer algo em termos de intercâmbio, embora com extrema dificuldade por limitação de recursos, são as instituições educativas que trabalham com educação especial.

O acesso de alunos com deficiência às escolas e classes comuns

VI – EXCERTO

"Quanto ao 'preferencialmente' constante da Constituição Federal, art. 208, inciso III.

Este advérbio refere-se a 'atendimento educacional especializado', ou seja, aquilo que é necessariamente diferente do ensino escolar para melhor atender às especificidades dos alunos com deficiência. Isso inclui, principalmente, instrumentos necessários à eliminação das barreiras que as pessoas com deficiência têm para relacionar-se com o ambiente externo. Por exemplo: ensino da língua brasileira de sinais (Libras), do código Braile, uso de recursos de informática e outras ferramentas tecnológicas, além de linguagens que precisam estar disponíveis nas escolas comuns para que elas possam atender com qualidade aos alunos com e sem deficiência."

6 – Comentários

A escola inclusiva é, por definição, uma escola que trabalha, de forma articulada, os onze princípios que, nos termos da Constituição Federal (art. 206) e da Lei de Diretrizes e Bases da Educação Nacional (art. 3º), alicerçam a organização do ensino. A garantia de padrões mínimos de qualidade, prevista no inciso IX do artigo retrocitado, exige, para sua concretização, um conjunto de precondições para que a escola inclusiva possa desempenhar, plenamente, a função de ensinar. Essas precondições dizem respeito aos aspectos da organização escolar e da organização pedagógica. Em outros termos, envolvem cinco categorias de insumos, a saber:

a) insumos de base material (estrutura física e acervo de equipamentos);

b) insumos de base gerencial (tipo de gestão e planejamento flexível);

c) insumos de base instrumental (material instrucional e metodologias);

d) insumos de base mutacional (qualidade e diversidade dos quadros docente e técnico e, ainda, cultura da inovação);

e) insumos de base finalística (missão da escola, perspectiva e alcance dos cursos, função das disciplinas, significação do currícu-

Coleção Educação Inclusiva

lo e pertinência da avaliação). Evidentemente, todos os indicadores mínimos de qualidade deverão estar compatibilizados com o tamanho da escola, a diversidade do perfil dos alunos, os turnos de funcionamento escolar, as características sociais do contexto e as condições de otimização de uso dos espaços e do tempo escolares.

A questão da baixa qualidade do ensino escolar brasileiro foi mais uma vez constatada em 2004, quando a Organização das Nações Unidas para a Educação, a Ciência e a Cultura (Unesco) divulgou, no início de novembro, o Índice de Desenvolvimento de Educação de 127 países. O Brasil ficou apenas com a 72ª posição. Das quatro metas avaliadas, o país se saiu pior na área de qualidade de ensino – medida pela taxa de permanência de estudantes até a 5ª série do Ensino Fundamental. Nessa categoria, o Brasil ocupa a 87ª posição. O melhor desempenho, que garantiu a 32ª colocação, foi observado na meta de educação primária universal. Já na taxa de alfabetização de adultos, o país aparece na 67ª posição e, na paridade de gêneros, na 66ª. No *ranking*, o Brasil está atrás de países vizinhos, como Argentina (23º), Cuba (30º) e Chile (38º). Os três primeiros colocados são Noruega, Dinamarca e Holanda. Os dados utilizados pela ONU são referentes aos anos de 2001 e 2002. Apesar do quadro crítico, a Unesco aponta o Brasil como um dos países próximos de cumprirem algumas das metas do conjunto Educação para Todos até 2015. Foram estabelecidos seis objetivos, entre os mais de 160 países que participaram do Fórum Mundial da Educação Dacar, no Senegal, em 2000. São eles: expandir o acesso à educação para a primeira infância, educação primária universal, oportunidades aprimoradas de aprendizado para jovens e adultos, aumento de 50% em taxas de alfabetização de adultos, igualdade de gênero e melhoria da qualidade de educação.

No Brasil, 80% das escolas públicas estaduais e 95% das escolas públicas municipais não contam com profissional capacitado para todas as suas classes no uso de Libras e no código Braile. Alegam os sistemas que há impedimentos legais para contratá-los. Mas não apresentam forma de como resolver o impasse. Dificuldades desse tipo revelam o baixo nível de formação de muitos dos gestores da educação. É urgente um melhor preparo para o exercício dessas funções em uma sociedade que está trocando ordenamentos patrimonialistas por conhecimento, competência e capacidade diretiva. Pesqui-

O acesso de alunos com deficiência às escolas e classes comuns

sa da Unesco e da União dos Dirigentes Municipais da Educação (Umdime), intitulada "Um perfil dos dirigentes municipais de educação" (2000), revelou que um em cada conjunto de cinco secretários municipais de educação concluiu o Ensino Médio. Foram ouvidos dois mil secretários em todo o Brasil. E o resultado é esse verdadeiro "estado de calamidade pública".

A dificuldade aqui apontada ocorre em toda parte. Por isso mesmo, a Declaração de Salamanca diz que para promover mudanças fundamentais na política, a partir das exigências da educação inclusiva, é imperativo "(...) capacitar escolas comuns para atender todos os alunos, em particular aqueles que são portadores de necessidades especiais" (p. iii).

Coleção Educação Inclusiva

VII – EXCERTO

"O atendimento educacional especializado deve estar disponível em todos os níveis de ensino escolar, de preferência nas escolas comuns da rede regular[1]. Este o ambiente escolar mais adequado para se garantir o relacionamento dos alunos com seus pares de mesma idade cronológica e para a estimulação de todo o tipo de interação que possa beneficiar seu desenvolvimento cognitivo, motor, afetivo.

Esse atendimento funciona em moldes similares a outros cursos que complementam os conhecimentos adquiridos nos níveis de Ensino Básico e Superior, como é o caso dos cursos de línguas, artes, informática e outros. Portanto, esse atendimento não substitui a escola comum para pessoas em idade de acesso obrigatório ao Ensino Fundamental (dos sete aos 14 anos) e será preferencialmente oferecido nas escolas comuns da rede regular. Diferente de outros cursos livres, o atendimento educacional especializado é tão importante que é garantido pela Constituição Federal."

7 – Comentários

De fato, sendo a educação direito de todos e dever do Estado (CF, art. 205), o aluno com deficiência deverá estar presente nos diversos níveis de ensino e, sempre que possível, na rede regular de ensino. O problema é que, quando comparada à realidade de outros países que apresentam situação consolidada de funcionamento da escola inclusiva, a realidade das escolas brasileiras é desapontadora. Assim, por exemplo, não se pode dizer que as escolas comuns da rede regular são

---

1. O significado do termo "regular" é encontrado no Parecer CNE/CEB nº 11/00 (p. 132, das Diretrizes Curriculares Nacionais da Educação de Jovens e Adultos): "Vale lembrar que o conceito regular é polivalente e pode se prestar a ambiguidades. Regular é, em primeiro lugar, o que está *sub lege*, isto é, sob o estabelecido em uma ordem jurídica e conforme a mesma. Mas a linguagem cotidiana o expressa no sentido de caminho mais comum. Seu antônimo é irregular e pode ser compreendido como ilegal ou também como descontínuo. Mas, em termos jurídico-educacionais, regular tem como oposto o termo livre. Nesse caso, livres são os estabelecimentos que oferecem educação ou ensino fora da Lei de Diretrizes e Bases. É o caso, por exemplo, de escolas de língua estrangeira".

O acesso de alunos com deficiência às escolas e classes comuns

"o ambiente escolar mais adequado para se garantir o relacionamento do aluno com seus pares *da mesma idade cronológica*" (grifo nosso). O Brasil apresenta uma rede escolar campeaníssima em defasagem idade/série, como veremos a seguir.

Embora os números revelem apenas uma breve distância entre a população de sete a 14 anos e a matrícula no Ensino Fundamental, cabe destacar dois fatores da maior relevância ocultos nos dados. Em primeiro lugar, o Brasil é campeão na América Latina em alunos que, fora da faixa etária, frequentam a Escola Fundamental. Este fenômeno, que chega a mais de 50% de toda a matrícula, denomina-se de defasagem idade/série e é um dos fatores mais diretamente responsáveis pela baixa qualidade do ensino. Os números que seguem revelam a dramaticidade da situação:

Taxa de defasagem dos estudantes de 7 a 14 anos, % por idade							
7 anos	8 anos	9 anos	10 anos	11 anos	12 anos	13 anos	14 anos
14,4	27,5	35,5	41,3	48,3	54,3	58,4	65,7

Fonte: IBGE/Síntese de Indicadores Sociais, 2003.

Grandes regiões	Taxa de defasagem dos estudantes de 7 a 14 anos por idade e regiões							
	7 anos	8 anos	9 anos	10 anos	11 anos	12 anos	13 anos	14 anos
Brasil	13,6	28,9	373,7	44,1	51,4	58,0	62,3	69,1
Norte	14,4	35,6	44,7	50,3	59,0	66,1	73,1	81,1
Nordeste	19,7	37,5	50,9	57,9	67,5	73,7	79,8	84,1
Sudeste	13,9	21,9	27,7	32,4	39,5	45,3	44,5	51,8
Sul	3,7	18,9	20,5	25,5	29,9	35,3	44,7	56,8
Centro-Oeste	43,9	25,1	30,3	36,1	39,3	49,3	57,0	66,9

Fonte: IBGE/Síntese de Indicadores Sociais, 2003.

Coleção Educação Inclusiva

Essas tabelas mostram que há muita gente fora da faixa etária própria cursando o Ensino Fundamental. Por outro lado, há alunos na faixa de sete a 14 anos sem frequentarem a escola obrigatória.

O segundo fator a desocultar nesses números diz respeito a três pontos interligados, a saber:

a) altas taxas de evasão, repetência e abandono na escola pública brasileira;

b) alta concentração de alunos repetentes na 1ª série (mais de 50%);

c) altíssima defasagem idade/série nas regiões mais pobres do país. No Nordeste, a taxa é de 62,3% e, na região Norte, de 55,5%.

Esses três pontos foram considerados dramáticos no conjunto dos 3.500 municípios mais pobres do país, identificados já em 1997, época em que se realizaram estudos para a implantação do Programa de Garantia de Renda Mínima e Reorientação do Programa Alfabetização Solidária (PINTASSILGO, 2002:43). Esta situação perdura uma vez que não há políticas definidas, por parte da União, de Estados e Municípios para o enfrentamento da questão.

Os dados apresentados revelam, de forma induvidosa, que o que existe, nas mesmas salas de aula das escolas de Educação Básica, são alunos de diferentes faixas etárias, fato que produz enormes dificuldades para todo o planejamento do ensino. E, como se não bastasse, tal circunstância é ainda agravada pelo superdimensionamento das salas de aula que, no Ensino Fundamental, têm em média 45 alunos e, no médio, 58. Nos países da Europa, estes números não ultrapassam 25 e 35 alunos, respectivamente.

Esses dois fatos são apontados, ao lado de alguns outros, como diretamente responsáveis pela baixa produtividade do sistema educacional brasileiro.

Dados do Inep/MEC (2004) indicam que mais de dez milhões de alunos estão em séries atrasadas para sua idade, na Educação Básica. Por outro lado, enquanto nas sociedades mais desenvolvidas os alunos da educação especial contam com serviços educacionais em nível de Educação Infantil, entre nós tais serviços existem minimamente, com concentração de matrícula nas redes municipais e, basicamente, para a faixa etária de quatro a seis anos. Dos 4,9 milhões de matrícu-

O acesso de alunos com deficiência às escolas e classes comuns

las na Educação Infantil, apenas 183 mil correspondem à faixa etária de zero a três anos (Inep/MEC, 2003). Fica mais fácil compreender por que, na região do semiárido, o tempo médio de conclusão do Ensino Fundamental é de 11 anos para um ciclo que, idealmente, deveria ser cumprido em oito. Cerca de 75% de crianças e adolescentes vivem em famílias em que a renda per capita é menor do que meio salário mínimo.

VIII – Excerto

"A Constituição admite mais: que o atendimento educacional especializado seja também oferecido fora da rede regular de ensino em outros estabelecimentos, já que, como referimos, seria um complemento e não um substitutivo da escolarização ministrada na rede regular para todos os alunos."

8 – Comentários

Não paira dúvida de que o atendimento educacional especializado poderá, igualmente, ser oferecido *fora da rede regular de ensino.* Na verdade, hoje é o que acontece preponderantemente, uma vez que a rede regular de ensino não conta sequer com um quadro regular de professores em número suficiente, quanto mais de outros profissionais para oferecer atendimento educacional especializado.

Levantamento do MEC/Inep (2004) aponta que a falta de professores é dramática. Só para trabalhar em turmas do segundo ciclo do Ensino Fundamental seriam necessários mais 254 mil professores. Quando se somam o primeiro ciclo desta modalidade ao Ensino Médio, o déficit chega a 711 mil professores na rede pública para que possa funcionar de forma adequada. Embora o quadro varie de região para região do país, há falta de professores licenciados por toda parte. O docente Ebenezer Pacheco, então presidente do Inep, alertou em março de 2005 que "o caso é gravíssimo e pode piorar com a inexorável expansão do Ensino Médio". E arrematou: "Nas escolas, o que se vê são professores cumprindo aulas não diretamente ligadas à sua formação e outros com carga horária excessiva".

O quadro que segue mostra a distribuição de professores de Ensinos Fundamental e Médio, considerando o número de docentes licenciados nos últimos 12 anos:

O acesso de alunos com deficiência às escolas e classes comuns

Disciplina	Demanda de docentes	Professores 1990 a 2001	Licenciados 2002 a 2010
Língua portuguesa	142.179	52.829	221.981
Geografia	71.089	53.509	89.121
Matemática	106.634	55.334	162.741
Química	55.231	13.569	25.397
Física	55.231	7.216	14.247

Fonte: Diretoria de Tratamento e Disseminação de Informações Educacionais do Inep/MEC (2004).

Pesquisa realizada pela Organização para a Cooperação e o Desenvolvimento Econômico (Ocde) revelou que os estudantes brasileiros têm o pior desempenho nas áreas de matemática e ciências entre 37 países. O estudo integrou o Programa Internacional de Avaliação de Alunos (Pisa) e se vinculava à aplicação concreta do conhecimento. Por isso, as questões abordavam aspectos do dia a dia.

As instituições de Educação Especial em geral possuem quadros técnicos de ótima qualificação e, ainda, com diversidade de formação. Isso lhes possibilita a oferta de atendimento educacional especializado de reconhecida qualidade. Em decorrência, é fundamental que trabalhem totalmente articuladas com a rede regular de ensino.

Coleção Educação Inclusiva

IX – EXCERTO

"Defendemos um novo conceito para a Educação Especial, pois esta sempre foi vista como a modalidade de ensino que podia substituir os serviços educacionais comuns, sem qualquer questionamento a respeito da idade do aluno para quem os serviços comuns estavam sendo totalmente substituídos. Por mais palatável que seja essa possibilidade, dado que muitas crianças e adolescentes apresentam diferenças bastante significativas, não podemos esquecer que esses alunos têm, como qualquer outro, direito indisponível de acesso à educação em ambiente escolar que não seja segregado, juntamente com seus pares da mesma idade cronológica. A participação desses alunos deve ser garantida nas classes comuns para que se beneficiem desse ambiente escolar e aprendam conforme suas possibilidades.

Portanto, o direito ao atendimento educacional especializado previsto nos artigos 58, 59 e 60 da LDBEN (Lei 9.394/96) e também na Constituição Federal, não substitui o direito à educação (escolarização) oferecida em classe comum da rede regular de ensino."

9 – Comentários

Todos os sistemas de ensino devem, por força de lei, garantir TODOS os alunos nas classes comuns, desde que assegurados os padrões de qualidade mínima (LDB, art. 3º, inc. IX). Isto, conforme já esposado anteriormente, como princípio geral e basilar de organização dos sistemas de ensino.

O direito à educação está consagrado na Declaração dos Direitos Humanos das Nações Unidas de 1948.

Da mesma forma que o direito à educação, o direito à igualdade de oportunidades educacionais é universalmente aceito enquanto princípio geral. Como afirma Hegarty (1994:9), "(...) inclusive as crianças mais incapacitadas podem se beneficiar de uma educação; nenhuma criança pode ser de antemão considerada ineducável. A razão fundamental para educar os jovens com incapacidades é de ordem moral; como cidadãos, eles têm direito a ser educados". Na prática, importa dizer que, concernentemente à educação, o direito a se incorporar às classes da escola comum deverá ser viabilizado "sem que as crianças sofram restrições desnecessárias em seu acesso a ela ou no currículo que lhes é oferecido, assim como na qualidade do ensino que recebe, em nenhum caso deveriam, *a não ser que existam razões do peso para isso* (grifo nosso), ser educados separados de seus colegas da mesma idade" (GONZÁLEZ, 2002:93). Quando tal não ocorre – porque existem razões de peso para isso –, não significa necessariamente que se está substituindo o direito à educação pelo atendimento educacional especializado, senão que, na ausência de uma alternativa, trabalha-se supletivamente outra, até que os gestores das redes públicas de ensino disponibilizem as condições e os meios de "oferta de uma só escola para todos (Jomtien)".

Coleção Educação Inclusiva

X – EXCERTO

"A LDBEN, a Educação Especial e o atendimento educacional especializado.

Segundo a Lei de Diretrizes e Bases da Educação Nacional (LDBEN, art. 58 e seguintes), 'o atendimento educacional especializado será feito em classes, escolas ou serviços especializados sempre que, em função das condições específicas dos alunos, não for possível a sua integração nas classes comuns do ensino regular' (art. 59, § 2º).

O entendimento equivocado desse aplicativo tem levado à conclusão de que é possível a substituição do ensino regular pelo especial. A interpretação a ser adotada deve considerar que esta substituição não pode ser admitida em qualquer hipótese, independentemente da idade da pessoa. Isso decorre do fato de que toda a legislação ordinária tem que estar em conformidade com a Constituição Federal. Além disso, um artigo de lei não deve ser lido isoladamente. A interpretação de um dispositivo legal precisa ser feita de forma que não haja contradições dentro da própria lei.

A interpretação errônea que admite a possibilidade de substituição do ensino regular pelo especial está em confronto com o que dispõe a própria LDBEN em seu art. 4º, inciso I[2] e em seu art. 6º[3] e com a Constituição Federal, que também determina que o acesso ao Ensino Fundamental é obrigatório (art. 208, inc. I).

A Constituição define o que é educação, não admitindo o oferecimento de Ensino Fundamental em local que não seja escola (art. 206, inc. I) e também prevê requisitos básicos que essa escola deve observar (art. 205 e seguintes)[4]."

---

2. "Art. 4º. O dever do Estado com a educação escolar pública será efetivado mediante a garantia de: I – Ensino Fundamental, obrigatório e gratuito, inclusive para os que a ele não tiveram acesso na idade própria [...]."

3. "Art. 6º. É dever dos pais ou responsáveis efetuar a matrícula dos menores, a partir dos sete anos de idade, no Ensino Fundamental."

4. Cf. adiante o item "Instituições especializadas e escolas especiais podem oferecer Ensino Fundamental?". Cf. tb. o item "Sugestões de áreas de atuação das instituições/escolas especiais".

10 – Comentários

A educação especial não pode substituir, de fato, o ensino regular, mesmo porque este é nível de ensino (LDB 21), enquanto aquela é modalidade educativa (58), ou seja, perpassa os vários níveis de ensino.

Ao que conste, as instituições que trabalham com educação especial têm muita clareza quanto a essa distinção. O que falta, na verdade, é dar institucionalidade ao regime de parcerias, de tal sorte que haja complementaridade formal entre o que é trabalhado nas instituições educativas e o que é ensinado nas escolas da rede regular de ensino.

Em nível de Ensino Fundamental, a responsabilidade é do poder público municipal que, já a partir do censo escolar de responsabilidade constitucionalmente vinculada (art. 208, § 3º), deverá identificar TODAS as crianças em faixa etária de escolaridade compulsória.

O conceito de educação é abrangente (LDB, art. 1º). Enquanto tipologia de ensino regular, a educação tem como *locus* próprio de desenvolvimento a escola. No entanto, a LDB, em consonância com o pluralismo de ideias e de concepções pedagógicas previsto na própria Constituição Federal, registra a possibilidade de escolas incomuns, conforme anotado nos artigos 80, parágrafo 1º, e 81.

Coleção Educação Inclusiva

XI – EXCERTO

"A tendência atual é que o trabalho da Educação Especial garanta a todos os alunos com deficiência o acesso à escolaridade, removendo barreiras que impedem a frequência desses alunos às classes comuns do ensino regular. Assim sendo, a Educação Especial começa a ser entendida como modalidade que perpassa, como complemento ou suplemento, todas as etapas e níveis de ensino. Esse trabalho é constituído por um conjunto de recursos educacionais e de estratégias de apoio colocados à disposição dos alunos com deficiência, proporcionando-lhes diferentes alternativas de atendimento, de acordo com as necessidades de cada um."

11 – Comentários

A relação Educação Especial/Educação Escolar é direta, uma vez que não se trata de processos sucedâneos, mas simultâneos sempre que as circunstâncias o exigirem. Para tanto, os sistemas de ensino deverão disponibilizar "recursos educacionais e estratégias de apoio" aos alunos com deficiência. Vê-se, portanto, que a implantação da escola inclusiva deve dar mais relevância às atividades das instituições de Educação Especial detentoras de um extraordinário acervo de experiências e conhecimentos na área. Nesse sentido, o programa *Educação Inclusiva: direito à diversidade*, do MEC, que teve como objetivo, em 2005, desenvolver "a fase de consolidação e afirmação da proposta de educação inclusiva" e, em 2006, *chegar a envolver 83,5% dos municípios brasileiros*, segundo seu *Documento Orientador*, perdeu em substância de diretriz político-pedagógica indutora ao excluir, do seu raio de alcance, as redes com capilaridade nacional, como as Apaes, a Pestalozzi e tantas outras. O desiderato de que "os municípios-polo deverão organizar seu trabalho de forma a estabelecer relações que envolvem as esferas municipais, estaduais, federais e *particulares*" (grifo nosso) tem baixa força indutora sob o ponto de vista de ações "concertadas" para a construção *de uma rede de inclusão social, educacional e social.*

No Brasil, sem tais instituições é impossível cogitar-se em proporcionar "diferentes alternativas de atendimento, de acordo com as

O acesso de alunos com deficiência às escolas e classes comuns

necessidades de cada um". Nas circunstâncias de pobreza educacional do país, é difícil, repentinamente, desprezar o trabalho de instituições que foram pioneiras – e com reconhecimento nacional – no processo de inclusão educacional de crianças com deficiência. A Pestalozzi tem 84 anos de história e as Apaes 51 anos. Rotular essas instituições de segregadoras é simplesmente não compreender o que, de fato, elas fazem e com quem, realmente, elas trabalham. Suas ações são complementares, cabendo aos poderes públicos ampliar e melhorar as condições de atendimento aos alunos com deficiência nas escolas e classes comuns.

Coleção Educação Inclusiva

XII – EXCERTO

"O atendimento educacional especializado é uma forma de garantir que sejam reconhecidas e atendidas as particularidades de cada aluno com deficiência. São consideradas matérias do atendimento educacional especializado: língua brasileira de sinais (Libras); interpretação de Libras; ensino de língua portuguesa para surdos; Sistema Braile; orientação e mobilidade; utilização do Soroban; as ajudas técnicas, incluindo informática adaptada; mobilidade e comunicação alternativa/aumentativa; tecnologias assistivas; informática educativa; educação física adaptada; enriquecimento e aprofundamento do repertório de conhecimentos; atividades da vida autônoma e social, entre outras."

12 – Comentários

As matérias e os materiais do chamado atendimento educacional especializado ora apontados constituem as condições básicas para a plena atenção à diversidade. Essa atenção vincula-se ao conceito de Rohnkemper & Corno (1988) denominado de *aprendizagem adaptada*, cuja centralidade está nas diferenças individuais do aluno. São precisamente as necessidades decorrentes da diversidade que norteiam todo desenvolvimento do programa de estudos no plano individual. A individualização didática supõe estratégias e materiais frente às necessidades. Olhando o parque escolar nacional, fica fácil alcançar o nível de dificuldade existente para se chegar à operação da escola inclusiva, em 90% despossuída dos materiais e das condições apontadas. O que importa dizer que a diversidade dos alunos com déficits físicos, psíquicos e sensoriais põe-se em nossas escolas como um enorme obstáculo à concretização dos níveis curriculares, por falta de uma plataforma básica de sala de aula. Como se sabe, os projetos curriculares, as metodologias e os materiais instrucionais de apoio são instrumentos essenciais para produzir respostas adequadas à diversidade. Ou seja, quando não existem, estão criadas as condições para o baixo rendimento escolar, para o fracasso. Nesse caso, as escolas é que são deficientes. Aliás, Heeson (1995) já chama a atenção para esta outra situação: *a do modelo do aluno deficiente e a do modelo de escola deficiente.*

O acesso de alunos com deficiência às escolas e classes comuns

XIII – EXCERTO

"A educação inclusiva garante o cumprimento do direito constitucional indisponível de qualquer criança de acesso ao Ensino Fundamental, já que pressupõe uma organização pedagógica das escolas e práticas de ensino que atendam às diferenças entre os alunos, sem discriminações indevidas, beneficiando a todos com o convívio e crescimento na diversidade."

13 – Comentários

O acesso de qualquer criança ao Ensino Fundamental está garantido na Constituição Federal e na LDB. Para tanto, as escolas em geral precisam se reordenar dentro de uma formação organizacional flexível e resolutiva. O caminho para se chegar mais objetivamente a esta condição é o das parcerias e alianças estratégicas. Cabe, aos gestores dos sistemas de ensino, criar as condições para que, dos processos institucionalizados de articulação, surjam formas efetivas de se dar cumprimento ao dispositivo constitucional ora referido.

É preciso compreender, porém, que, quando se fala em educação inclusiva, fala-se em educação além da escolar, ou seja, não se cogita só de ensino, mas de apoios e suportes, de trabalhos em equipe e de toda uma gama de mudanças institucionais que vão além da organização didática. Criar uma *escola compreensiva* supõe, dentre outras coisas, contar com equipes multiprofissionais dentro de "um projeto global que seja capaz de estabelecer relações dinâmicas de coordenação, planejamento e apoio". Essa necessidade dever ser assumida pelas autoridades gestoras da educação, considerando que a administração educacional é um elemento básico de qualidade do ensino. Esta é a fonte da organização pedagógica das escolas.

Coleção Educação Inclusiva

XIV – EXCERTO

"A LDBEN e as inovações trazidas pelo Decreto 3.956/2001 (Convenção da Guatemala).

Posterior à LDBEN, surgiu uma nova legislação que, como toda lei nova, revoga as disposições anteriores que lhe são contrárias ou complementa eventuais omissões. Trata-se da Convenção Interamericana para a Eliminação de Todas as Formas de Discriminação contra a Pessoa Portadora de Deficiência, celebrada na Guatemala.

O Brasil é signatário desse documento, que foi aprovado pelo Congresso Nacional por meio do Decreto Legislativo 198, de 13 de junho de 2001, e promulgado pelo Decreto 3.956, de 8 de outubro de 2001, da Presidência da República."

14 – Comentários

Não há desarmonia nem, muito menos, distância de concepção de justiça e de igualação de direitos entre o prescrito no texto da Convenção da Guatemala e o conteúdo da Constituição brasileira. O mesmo se pode dizer em relação aos textos constitucionais dos demais países subscritores da Convenção. Tanto é assim que, em tom solene e próprio de documentos internacionais oficiais, os Estados-Partes da Convenção abrem o documento com o termo REAFIRMANDO... Portanto, trata-se de uma posição ratificadora de valores e princípios, como se pode inferir:

> REAFIRMANDO que as pessoas portadoras de deficiência têm os mesmos direitos humanos e liberdades fundamentais que outras pessoas e que estes direitos, inclusive o direito de não serem submetidas à discriminação com base na deficiência, emanam da dignidade e da igualdade que são inerentes a todo ser humano.

O mesmo deve ser dito em relação ao texto da Constituição Federal e da LDB. Pelo princípio da hierarquia de tais leis, não poderia haver conflito de concepção e de formulação. A importância da Convenção citada reside, sobretudo, no caráter de afirmação e confirmação internacional de princípios, valores e direitos dos sujeitos da te-

O acesso de alunos com deficiência às escolas e classes comuns

mática e, não, propriamente no caráter de recentidade do texto em apreço, dado não haver incompatibilidade entre os vários documentos legais referidos. Ainda assim, foi muito importante a aprovação pelo Estado brasileiro, através de Decreto Legislativo (2001) e a promulgação por Decreto da Presidência da República (2001), do texto da Convenção Interamericana para a Eliminação de Todas as Formas de Discriminação contra a Pessoa Portadora de Deficiência, seja pela contundência de um documento de Convenção Internacional, seja pelo caráter ratificador de valores em que a nação brasileira acredita e em defesa dos quais trabalha.

Evidentemente que, ao convocar outras Convenções, Convênios, Declarações, Princípios, Resoluções e Normas Uniformes à condição e situação das pessoas com deficiência, o texto da Convenção da Guatemala assume uma relevância ímpar na desocultação dos direitos dessas pessoas nas diversas realidades interamericanas e, sobretudo, no campo específico de concepções e de medidas a serem tomadas, como se pode constatar pela análise de alguns de seus tópicos e artigos:

• Para os efeitos desta Convenção, entende-se por:

1. Deficiência

O termo "deficiência" significa: uma restrição física, mental ou sensorial, de natureza permanente ou transitória, que limita a capacidade de exercer uma ou mais atividades essenciais da vida diária, causada ou agravada pelo ambiente econômico e social.

2. Discriminação contra as pessoas portadoras de deficiência

a) O termo "discriminação contra as pessoas portadoras de deficiência" significa toda diferenciação, exclusão ou restrição baseada em deficiência, antecedente de deficiência, consequência de deficiência anterior ou percepção de deficiência presente ou passada que tenha o efeito ou propósito de impedir ou anular o reconhecimento, gozo ou exercício por parte das pessoas portadoras de deficiência de seus direitos humanos e suas liberdades fundamentais.

b) Não constitui discriminação a diferenciação ou preferência adotada pelo Estado-Parte para promover a integração social ou o desenvolvimento pessoal dos portadores de deficiência, desde que a di-

Coleção Educação Inclusiva

ferenciação ou preferência não limite em si mesma o direito à igualdade dessas pessoas e que elas não sejam obrigadas a aceitar tal diferenciação ou preferência. Nos casos em que a legislação interna preveja a declaração de interdição, quando for necessária e apropriada para o seu bem-estar, esta não constituirá discriminação.

Artigo II

Esta Convenção tem por objetivo prevenir e eliminar todas as formas de discriminação contra as pessoas portadoras de deficiência e propiciar a sua plena integração à sociedade.

Artigo III

Para alcançar os objetivos desta Convenção, os Estados-Partes comprometem-se a:

1. Tomar as medidas de caráter legislativo, social, educacional, trabalhista, ou de qualquer outra natureza, que sejam necessárias para eliminar a discriminação contra as pessoas portadoras de deficiência e proporcionar a sua plena integração à sociedade, entre as quais as medidas abaixo enumeradas, que não devem ser consideradas exclusivas:

a) medidas das autoridades governamentais e/ou entidades privadas para eliminar progressivamente a discriminação e promover a integração na prestação ou fornecimento de bens, serviços, instalações, programas e atividades, tais como o emprego, o transporte, as comunicações, a habitação, o lazer, a educação, o esporte, o acesso à justiça e aos serviços policiais e as atividades políticas e de administração;

b) medidas para que os edifícios, os veículos e as instalações que venham a ser construídos ou fabricados em seus respectivos territórios facilitem o transporte, a comunicação e o acesso das pessoas portadoras de deficiência;

c) medidas para eliminar, dentro do possível, os obstáculos arquitetônicos, de transporte e comunicações que existam, com a finalidade de facilitar o acesso e uso por parte das pessoas portadoras de deficiência;

d) medidas para assegurar que as pessoas encarregadas de aplicar esta Convenção e a legislação interna sobre esta matéria estejam capacitadas a fazê-lo.

O acesso de alunos com deficiência às escolas e classes comuns

2. Trabalhar prioritariamente nas seguintes áreas:

a) prevenção de todas as formas de deficiência preveníveis;

b) detecção e intervenção precoce, tratamento, reabilitação, educação, formação ocupacional e prestação de serviços completos para garantir o melhor nível de independência e qualidade de vida para as pessoas portadoras de deficiência;

c) sensibilização da população, por meio de campanhas de educação, destinadas a eliminar preconceitos, estereótipos e outras atitudes que atentam contra o direito das pessoas a serem iguais, permitindo dessa forma o respeito e a convivência com as pessoas portadoras de deficiência.

Artigo IV

Para alcançar os objetivos desta Convenção, os Estados-Partes comprometem-se a:

1. Cooperar entre si a fim de contribuir para a prevenção e eliminação da discriminação contra as pessoas portadoras de deficiência.

2. Colaborar de forma efetiva no seguinte:

a) pesquisa científica e tecnológica relacionada à prevenção das deficiências, ao tratamento, à reabilitação e à integração na sociedade de pessoas portadoras de deficiência;

b) desenvolvimento de meios e recursos destinados a facilitar ou promover a vida independente, a autossuficiência e a integração total, em condições de igualdade, à sociedade das pessoas portadoras de deficiência.

Artigo V

1. Os Estados-Partes promoverão, na medida em que isto for coerente com as suas respectivas legislações nacionais, a participação de representantes de organizações de pessoas portadoras de deficiência, de organizações não governamentais que trabalham nessa área ou, se essas organizações não existirem, de pessoas portadoras de deficiência, na elaboração, execução e avaliação de medidas e políticas para aplicar esta Convenção.

Coleção Educação Inclusiva

2. Os Estados-Partes criarão canais de comunicação eficazes que permitam difundir entre as organizações públicas e privadas que trabalham com pessoas portadoras de deficiência os avanços normativos e jurídicos ocorridos para a eliminação da discriminação contra as pessoas portadoras de deficiência.

Fica clara a preocupação do texto da Convenção da Guatemala quanto aos seguintes aspectos: a) igualdade de direitos humanos e liberdades fundamentais entre todas as pessoas e, portanto, em relação, também, às pessoas com deficiência; b) eliminação progressiva de todas as formas de discriminação e integração plena desta pessoa à sociedade; c) sensibilização da população para o respeito e a convivência com as pessoas portadoras de deficiência, a partir dos valores da dignidade e da igualdade inatos a todo ser humano; d) complementaridade na prestação de bens, serviços, instalações, programas e atividades, objetivando sempre o acesso e o uso das pessoas com deficiência e a sua integridade social em termos de qualidade de vida.

XV – EXCERTO

"Portanto, no Brasil, ele tem tanto valor quanto uma lei ordinária, ou até mesmo (de acordo com o entendimento de alguns juristas) como norma constitucional, já que se refere a direitos e garantias fundamentais da pessoa humana, estando acima de leis, resoluções e decretos.

Trata-se de documento que exige, agora mais do que nunca, uma reinterpretação da LDBEN. Isso porque a LDBEN, quando aplicada em desconformidade com a Constituição (como visto no item anterior), pode admitir diferenciações com base em deficiência que implicam restrições ao direito de acesso de um aluno com deficiência ao mesmo ambiente que os demais colegas sem deficiência."

15 – Comentários

O texto da Convenção da Guatemala oferece uma enorme contribuição conceitual no âmbito da compreensão de *deficiência* e de *discriminação*, com desdobramentos diretos na reorganização dos sistemas de ensino, na reorganização interna das escolas, na interface escola/comunidade e na reconceituação de práticas pedagógicas. Na verdade, o texto-compromisso referido reconvoca a pluridimensionalidade dos objetos de estudo da educação com repercussão imediata no aprimoramento da organização dos serviços educacionais disponibilizados pelo Estado à sociedade. Nesse sentido, uma releitura da LDB por gestores e professores parece, de fato, necessária e oportuna, feita sobretudo com um novo olhar e com novas lentes capazes de captar a relação entre *educação/diversidade/bases didáticas e organizativas* (GONZÁLEZ, 2002) do ensino.

Nesse passo, é conveniente lembrar que o respeito à dignidade da pessoa humana não ocorre sob a condição única de estar ela – quando se tratar de pessoa com deficiência – na sala de aula comum. Em certos casos de severo comprometimento de funções vitais com repercussão sobre a convivência social explícita e participante, este respeito pode significar precisamente poupar a pessoa de situações constrangedoras e desconfortáveis, decorrentes das várias manifestações de descontrole biológico grave.

Coleção Educação Inclusiva

XVI – EXCERTO

"A Convenção da Guatemala deixa clara a impossibilidade de tratamento desigual com base na deficiência, definida a discriminação como toda diferenciação, exclusão ou restrição baseada em deficiência, antecedente de deficiência, consequência de deficiência anterior ou percepção de deficiência presente ou passada que tenha o efeito ou propósito de impedir ou anular o reconhecimento, gozo ou exercício por parte das pessoas portadoras de deficiência, de seus direitos humanos e suas liberdades fundamentais (art. 1º, nº 2, "a")."

16 – Comentários

"O gozo ou exercício por parte das pessoas portadoras de deficiência de seus direitos humanos e suas liberdades fundamentais" (art. 1º, nº 2, "a" da Convenção da Guatemala) não se esgota em uma forma única, fechada e inflexível de experienciá-lo. As próprias pessoas com deficiência têm o direito inalienável de ser consultadas sobre suas opções e preferências. Igualmente, em espaço público seus pais e/ou responsáveis. Aliás, o texto do MPF diz isto.

Nesse sentido, diferenciação, exclusão e/ou restrição são conceitos que não podem ser traduzidos na moldura restritamente denotativa. Precisam de uma compreensão conotativa referenciada invariavelmente aos contextos de vida dessas pessoas e, portanto, às suas condições objetivas de vivenciamento e de desenvolvimento.

Assim como as pessoas com deficiência não podem ser submetidas a *nenhuma forma de discriminação com base na deficiência*, não podem ser submetidas, igualmente, em espaço público ou privado, a qualquer forma de humilhação em decorrência do descompassamento gravíssimo de funções orgânicas.

O acesso de alunos com deficiência às escolas e classes comuns

XVII – EXCERTO

"O direito de acesso ao Ensino Fundamental é um direito humano indisponível, por isso as pessoas com deficiência, em idade de frequentá-lo, não podem ser privadas dele. Assim, toda vez que se admite a substituição do ensino de alunos com deficiência em classes comuns do ensino regular unicamente pelo ensino especial na idade de acesso obrigatório ao Ensino Fundamental, esta conduta fere o disposto na Convenção da Guatemala.

Por ser um tratamento diferenciado em razão da deficiência, a Educação Especial tem sido um modo de tratamento desigual aos alunos. Sendo assim, tal modalidade não deve continuar desrespeitando as disposições da Convenção da Guatemala nesse sentido."

17 – Comentários

Acessar o Ensino Fundamental é um direito universal da cidadania brasileira nos termos do art. 208 da Constituição Federal. A Convenção da Guatemala realça este direito e lhe confere o que Ysseldyke (1987:253) chama de *compulsoriedade relevante*.

Como já dito anteriormente, o ensino especial não substitui e não pode substituir – porque não é nível de ensino – o Ensino Fundamental. De caráter obrigatório, este é de acesso aberto e obrigatório a todas as pessoas em faixa etária de escolaridade compulsória e mesmo àquelas pessoas que não tiveram acesso a ele na idade própria, agora, sob a forma de Educação de Jovens e Adultos (LDB, art. 37).

Educação é termo de envergadura polissêmica. Para Zabalza (1990b:99), as concepções sociais de educação são de quíntupla natureza, como se pode ver:

a) está associada ao desenvolvimento: dimensão holística e ecológica do termo;

b) está associada à libertação: dimensão emancipatória do termo;

c) está associada à capacitação socioprofissional: dimensão de manejo adequado dos meios voltados para o trabalho;

d) está associada à informação: dimensão inculturada;

e) está associada à formação: dimensão do desenvolvimento individual.

A expressão Educação Especial, por outro lado, incorpora, a partir dessa visão holística de educação, diferentes formas de ação educativa, passando pelas etapas de normalização e integração social (POPLIN, 1999; HERNÁNDEZ & PASTOR, 1993) até entrar dinamicamente no conceito de inclusão com base no princípio da diversidade.

Impõe-se claro, portanto, que a natureza específica da Educação Especial, enquanto campo de conhecimento, não está na dimensão teleológica que possa ter, senão nos meios e nas situações plurais em que opera, "as quais vêm determinadas pelos sujeitos a quem se dirige" (PARRILHA, 1992b). Por essa razão, parece inafastável a compreensão de que a Educação Especial deve ser posicionada frente às questões pedagógicas das diferenças, da diversidade e das situações plurais de aprendizagem com que se defronta. É precisamente nesse sentido que Parrilha (1992b:37) afirma que

> (...) a educação especial é uma ação educativa, de fins equiparáveis aos da educação geral, mas que atua com base em *alguns recursos educacionais específicos* (grifo nosso) postos à disposição de qualquer pessoa, que em alguns casos podem ser necessários de forma temporal e em outros de forma mais contínua e permanente.

Essas informações são aqui posicionadas para lembrar que, embora a escola regular seja o lugar natural, normal e legal de os alunos com deficiência estarem SEMPRE QUE POSSÍVEL, esta não é condição definitiva e fatal para lhes assegurar o mesmo tratamento dispensado a TODOS OS ALUNOS. É imprescindível haver os *recursos educacionais específicos*, sem o que a escola comum não se afastará do risco de oferecer *um tratamento diferenciado em razão da deficiência*. Portanto, execrar pura e simplesmente a Educação Especial pelo alegado *modo de tratamento desigual aos alunos* é ocultar que

> (...) no transcurso de sua evolução, a Educação Especial foi modulando-se e transformando-se com base em atributos que foram sendo conferidos à educação geral, os quais se encontram, por sua vez, intimamente relacionados com marcos políticos, sociais, econômicos e ideológicos mais amplos. Adotar tal perspectiva para caracterizar o que foi, é e

O acesso de alunos com deficiência às escolas e classes comuns

pode chegar a ser a Educação Especial significa tentar compreendê-la amparados em esquemas de pensamento mais amplos ligados à trama socioeconômica, política e ideológica dos diferentes momentos históricos (ILLÁN & ARNÁIZ, 1996; GONZÁLEZ, 2002:20).

Não é razoável pensar que milhares de instituições educativas que trabalham com Educação Especial hajam se organizado para desrespeitar as normas constitucionais, toda a legislação educacional e, agora, os termos da Convenção da Guatemala, subscrita pelo Brasil. Semelha mais razoável examinar onde se encontram as desconformidades e, caso existam, por que estão instaladas em instituições. E, a partir daí, o Estado brasileiro tem o dever de disponibilizar meios e recursos para as correções e adequações necessárias. Esta responsabilidade pública inicia-se já no cumprimento do art. 207, parágrafo 3º da Constituição Federal, que prescreve:

> Compete ao Poder Público recensear os educandos no Ensino Fundamental, fazer-lhes a chamada e zelar, junto aos pais ou responsáveis, pela frequência à escola.

Coleção Educação Inclusiva

XVIII – Excerto

"O acesso à educação, em qualquer nível, é um direito humano inquestionável. Assim, todas as pessoas com deficiência têm o direito de frequentar a educação escolar em qualquer um de seus níveis. Mas é importante destacar que o Ensino Fundamental é a única etapa considerada obrigatória pela Constituição Federal e, por isso, não pode ser jamais substituído.

A Convenção da Guatemala esclarece que não constitui discriminação a diferenciação ou preferência adotada para promover a integração social ou o desenvolvimento das pessoas com deficiência, desde que a diferenciação ou preferência não limite em si mesma o direito à igualdade dessas pessoas e que elas não sejam obrigadas a aceitar tal diferenciação ou preferência (art. 1º, nº 2, "b"). Assim, as diferenciações ou preferências são admitidas em algumas circunstâncias, mas a exclusão ou restrição jamais serão permitidas se o motivo for a deficiência.

Ainda que o encaminhamento a escolas e classes especiais não seja visto como uma exclusão ou restrição, mas como mera diferenciação, se em nossa Constituição consta que educação é aquela que visa o pleno desenvolvimento humano e o seu preparo para o exercício da cidadania (art. 205), qualquer dificuldade de acesso a um ambiente marcado pela diversidade, que reflita a sociedade como ela é, como forma efetiva de preparar a pessoa para a cidadania, seria uma 'diferenciação ou preferência' que estaria limitando 'em si mesma o direito à igualdade dessas pessoas'.

Essa norma, portanto, também reforça a necessidade de dar nova interpretação à LDBEN, de modo que não seja mais permitida a substituição do ensino comum pelo especial. Vale repetir: o que está escrito na LDBEN como Educação Especial deve ser entendido como atendimento educacional especializado, nos termos da Constituição Federal, sob pena de incompatibilidade."

18 – Comentários

Conduzir os alunos que, no momento, estão fora das escolas e classes comuns para seu interior, dentro de uma *nova interpretação* da LDBEN, implica "reinventar a escola" (CANDAU, 2000) progressivamente, a partir da reconstrução de todos os sistemas de ensino e dos itinerários formativos iniciais e continuados dos professores. Como diz Correia (1991:150),

> (...) este grupo produz e reproduz determinadas relações com os saberes que lhe são específicos, com as condições simbólicas e imaginárias que tendem a definir a sua especificidade profissional, com os contextos sociotécnicos-organizacionais do exercício do trabalho, bem como a natureza das relações que ele mantém com a instituição empregadora – o Estado – e com os integrantes diretos ou indiretos dos sistemas educativos – pais, alunos, comunicadores, etc.

Trata-se, portanto, de um desafio do tamanho da nossa imaginação, porém possível dentro de uma ética solidária da Terra comum. Como diz Kofi Annan, "a Terra é única e de todos. Iguais somos todos. Precisamos, agora, convergir nossos sonhos".

As estatísticas que seguem apontam a grandiosidade desse sonho (reinventar a escola) e a participação ainda pequena dos alunos com deficiência nas escolas e classes comuns da rede regular de ensino.

Matriculados		
	Educação Básica	*Ensino Fundamental*
Rede pública	48.331.027	31.160.624
Rede privada	6.934.821	3.278.125
Total	55.265.848	34.438.749

Fonte: MEC/Inep (Dados de 2003).

Número de estabelecimentos de Educação Básica		
	Educação Básica	*Ensino Fundamental*
Rede pública	175.923	149.532
Rede privada	36.010	19.543
Total	211.933	169.075

Fonte: MEC/Inep (Dados de 2003).

Coleção Educação Inclusiva

Número de professores		
Educação Básica		*Ensino Fundamental*
Rede pública	1.982.956	149.532
Rede privada	515.024	19.543
Total	2.497.980	169.075

Fonte: MEC/Inep (Dados de 2003).

Número de matrículas de alunos portadores de necessidades educacionais especiais em escolas exclusivamente especializadas de escola regular				
Redes	*Creches – Estimulação precoce e pré-escola*	*Matriculados na pré-escola*	*Matrículas no Ensino Fundamental*	*Matrículas não alfabetizados*
Pública	7.071	13.679	97.425	9.713
Privada	24.092	39.868	92.443	17.788
Total	31.163	53.547	169.867	27.501

Fonte: MEC/Inep (Dados de 2005).

Os quadros vistos apontam a grandiosidade das estatísticas da Educação Básica de um lado e, de outro, a participação ainda diminuta dos alunos com deficiência na rede regular de ensino. É importante examinar esses números para compreender o desafio que nos aguarda para a construção de vias efetivas que levem *acesso de alunos com deficiência às escolas e classes comuns da rede regular.*

Como se pode inferir, a matrícula geral de alunos com deficiência na rede regular de ensino é inexpressiva. A gênese deste descompassamento está nas causas estruturais do sistema educacional brasileiro. Em outros termos, não é justo acusar as instituições educativas que trabalham com Educação Especial, tachando-as de descumpridoras da Lei, nem os sistemas regulares de ensino público de dificultarem o acesso das crianças com deficiência às salas de aula. Ou seja, o exercício para *dar nova interpretação à LDBEN* é necessário, oportuno e urgente na busca da construção de *uma sociedade mais justa,* como destaca a Subprocuradora-Geral da República, Maria Eliane Menezes de Farias, na apresentação do documento ora comentado.

Nem as instituições nem os sistemas de ensino limitam o *direito* à *igualdade dessas pessoas*, mas, sim, delimitam o quadro de precondições para poder atender adequadamente às demandas que se apresentam. Não se trata, portanto, de proibição, mas de busca de adequabilidade, o que, nos termos da Convenção da Guatemala, passa por iniciativas dos Estados-Partes. Porém, sem esquecer que as contradições e inadequações do sistema educacional brasileiro não são invenções nem casuísmos das instituições de educação especial. Estão, sim, entranhadas em um Estado alheio a critérios de justiça social e de equidade. Por isso, revela-se incapaz de trabalhar com prioridades políticas.

Por outro lado, não parece apropriada a referência "(...) de modo que não seja mais permitida a substituição do ensino comum pelo especial". Jamais houve esta permissão. De fato, o que tem ocorrido historicamente é que a própria escola regular tem sido deficiente e deficitária em seu formato organizacional em decorrência de uma concepção equivocada de aluno de perfil único. A ideia do "pleno desenvolvimento do educando" (LDB, art. 2º) esgota-se em classes, séries, programações e formas de avaliação organizadas uniformemente, sem que se permita trabalhar pedagogicamente os conceitos de diferença, diversidade, identidade e, ainda, "a articulação com as famílias e a comunidade, criando processos de integração da sociedade com a escola".

Sem esse conjunto de referências conceptivas, a ideia da "inclusão já" poderá assegurar igualdade de condições para o acesso, porém jamais igualdade de condições para a permanência na escola, princípio inarredável de ministração do ensino, nos termos do art. 3º, inc. I, da LDB.

Coleção Educação Inclusiva

XIX – EXCERTO

"Quando o atendimento educacional especializado não substitutivo for prestado em salas de aula ou em ambientes segregados, este só poderá ocorrer mediante a aceitação da pessoa com deficiência ou de seu responsável, não estando ela obrigada a aceitar esse tratamento diferenciado.

A Convenção da Guatemala ainda complementa a LDBEN porque não contempla o direito de opção das pessoas com deficiência e de seus pais ou responsáveis, limitando-se a prever as situações em que se dará a Educação Especial, que normalmente, na prática, acontece por imposição da escola ou rede de ensino."

19 – Comentários

É muito relevante que a Convenção da Guatemala *contemple o direito de opção das pessoas com deficiência e de seus pais ou responsáveis* e, assim, *complemente* a LDBEN. Na verdade, embora não esteja declarada esta dimensão no texto da LDBEN, ela está contida no feixe de princípios de organização do ensino, que são, de fato, categorias recorrentes do fazer pedagógico e, portanto, manancial de inspiração das "situacionalidades" das práticas de ensino. Além da LDBEN (art. 3º), tais princípios estão na própria Constituição Federal (art. 206), vindo a constituir, assim, o próprio chão das significações da organização escolar.

O direito de opção das pessoas com deficiência e de seus pais ou responsáveis está contido no art. 206, inc. II da CF e no art. 3º, inc. II, da LDBEN, na formulação inicial do inciso: "(...) LIBERDADE DE APRENDER". Ou seja, a Convenção da Guatemala reforça a dimensão compulsória da apropriação concreta desse conceito.

Também o inc. IX deste mesmo dispositivo da LDBEN inclui essa dimensão, já que não há como garantir *padrão de qualidade* no ensino sem um ato e um processo de inteira adesão volitiva do aluno à instituição e aos programas de ensino oferecidos.

XX – EXCERTO

"*Instituições especializadas e escolas especiais podem oferecer Ensino Fundamental?*

A LDBEN trata no seu título V "dos níveis e das modalidades de educação e ensino". De acordo com o art. 21, a educação escolar é composta pela Educação Básica e pelo Ensino (sic!) Superior. A Educação Básica, por sua vez, é composta das seguintes etapas escolares: Educação Infantil, Ensinos Fundamental e Médio.

Após tratar das etapas da Educação Básica, a LDBEN coloca a Educação de Jovens e Adultos como a única que pode oferecer certificado de conclusão equivalente ao Ensino Fundamental e/ou Médio. Conforme seu art. 37, esta modalidade é aquela destinada a jovens e adultos 'que não tiveram acesso ou continuidade de estudos nos Ensinos Fundamental e Médio na idade própria'.

A LDBEN cita as modalidades Educação Profissional e Educação Especial em capítulos destacados da Educação Básica e Superior, não podendo tais modalidades expedir certificações equivalentes aos Ensinos Fundamental, Médio ou Superior.

Portanto, está correto o entendimento de que a Educação Especial perpassa os diversos níveis de escolarização, mas ela não constitui um sistema paralelo de ensino, com seus níveis e etapas próprias. A Educação Especial é um instrumento, um complemento que deve estar sempre presente nas Educações Básica e Superior para os alunos com deficiência que dela necessitarem.

Uma instituição especializada ou escola especial é assim reconhecida justamente pelo tipo de atendimento que oferece, ou seja, atendimento educacional especializado. Sendo assim, suas escolas não podem substituir, mas complementar as escolas comuns em todos os seus níveis de ensino.

Conforme a LDBEN, em seu art. 60, as instituições especializadas são aquelas com atuação exclusiva em educação especial, 'para fins de apoio técnico e financeiro pelo Poder Público'."

Coleção Educação Inclusiva

20 – Comentários

Com a ideia e a força da educação inclusiva e seus desdobramentos em escolas e classes inclusivas, é inevitável o alargamento do prestígio e das atuações das instituições que oferecem atendimento educacional especializado. Deverão sofrer, a cada dia, uma pressão maior face ao inevitável aumento da demanda. Sua atuação crescerá em termos de ações complementares às das escolas comuns. Na verdade, essas instituições deveriam ser acionadas pelos poderes públicos para, articuladamente com as escolas comuns, ajudarem a construir respostas às questões:

• De que forma poderemos articular esforços para melhorar o nosso desempenho face à diversidade dos alunos?

• Que metas podemos definir juntos para praticar a inclusão de TODOS os alunos?

• A partir de que estratégias e dentro de que alternativas de cronograma podemos trabalhar para a criação de um ambiente onde TODOS os alunos possam ter acesso e usufruir, com sucesso, o currículo escolar?

• Como nossas instituições deverão se organizar para apoiar TODOS os alunos que, matriculados na rede regular de ensino, necessitam de atendimento especializado que, no momento, nos está ao alcance em termos de longa experiência e de reconhecido sucesso?

Questionar essas possibilidades e investigar rotas de complementaridade de ações é o que tem sido feito por países e sociedades que estão muito à nossa frente nesse campo. E, como afirma Mittler (2002:236), "(...) não há qualquer estrada da realeza para a inclusão, porém, *há um consenso de que ela é um processo* (grifo nosso) e uma jornada e, não, um destino". Por isso, o mesmo autor arremata: "Nenhuma escola é uma ilha e nenhuma escola pode ter sucesso sem desenvolver redes de parcerias com sua comunidade local, com pais de alunos passados, presentes e futuros, com outras escolas e outras agências".

O texto produzido pelo Ministério Público coloca, neste passo e de forma adequada, a compreensão da Educação Especial. Primeiro, dizendo que ela "deve estar sempre presente nas Educações Básica e Superior para os alunos com deficiência que dela necessitarem". Segundo, considerando-a "complementar às escolas comuns em todos os seus níveis de ensino". Ou seja, a matrícula em classes e ou escolas

O acesso de alunos com deficiência às escolas e classes comuns

comuns não pode apequenar a importância dos serviços educacionais desenvolvidos com compromisso e competência pelas instituições especializadas, senão *INTERAGIR* com elas para que as crianças tenham à sua disposição o que não é próprio dos currículos da Base Nacional Comum.

Coleção Educação Inclusiva

XXI – EXCERTO

"Como devem ficar as escolas das instituições especializadas?

A instituição filantrópica que mantém uma escola especial, ainda que ofereça atendimento educacional especializado, deve providenciar imediatamente a matrícula das pessoas que atende, pelo menos daquelas em idade de sete a 14 anos, no Ensino Fundamental, em escolas comuns da rede regular. Para os jovens que ultrapassarem essa idade-limite, é importante que lhes seja garantida matrícula em escolas comuns, na modalidade de Educação de Jovens e Adultos, se não lhes for possível frequentar o Ensino Médio.

Nada impede que, em período distinto daquele em que forem matriculados no ensino comum, os alunos continuem a frequentar a instituição para serviços clínicos e/ou serviços de atendimento educacional especializado."

21 – Comentários

A matrícula no Ensino Fundamental das crianças de sete a 14 anos, atendidas por instituições que oferecem serviço educacional especializado, é de responsabilidade dos pais e ou responsáveis, além da autoridade executiva municipal. Esta, aliás, é a maneira de explicitação do mandamento contido no art. 205 da Constituição Federal: "A educação, direito de todos e dever do Estado e da família, será promovida e incentivada com a colaboração da sociedade (...)".

Para não deixar vaga a prescrição, o legislador constitucional foi mais preciso no art. 208, inc. I:

> O dever do Estado com a Educação será efetivado mediante a garantia de:
>
> I – Ensino Fundamental, obrigatório e gratuito, inclusive para os que a ele não tiveram acesso na idade própria.

E, por fim, a culminância no § 1º do art. 208: "O acesso ao ensino obrigatório e gratuito é direito público subjetivo".

Nada impede evidentemente – e é salutar que o façam – que as instituições educativas alertem as famílias quanto a essa responsabi-

O acesso de alunos com deficiência às escolas e classes comuns

lidade. Aqui, como em qualquer circunstância, deve prevalecer o bom-senso. Significa, na prática, que, como prevê o documento do Ministério Público Federal,

> a instituição especializada pode celebrar acordos de coope-
> ração com escolas comuns do ensino regular, públicas ou
> privadas, de maneira que estas matriculem as crianças e ado-
> lescentes em idade de Ensino Infantil e Fundamental atual-
> mente atendidas nos espaços educacionais especiais (...).

As instituições especializadas deverão continuar fazendo o que têm feito e de forma cada vez melhor. O problema não está com essas instituições e, sim, com os poderes públicos. De fato, quem deve ser convocado para se colocar em posição de alerta são os responsáveis pela administração municipal da educação (prefeitos e secretários de educação), a quem cabe disponibilizar, PARA TODOS, serviços educacionais sob a forma específica de Ensino Fundamental (CF, art. 208, LDB, art. 11, inc. V). Mas não só prefeitos e secretários. Governadores de estado e secretários de estado da educação também! A eles cabe apoiar os municípios nas "formas de colaboração na oferta de Ensino Fundamental, as quais devem assegurar a distribuição proporcional das responsabilidades, de acordo com a população a ser atendida e os recursos financeiros disponíveis em cada uma dessas esferas do Poder Público" (LDB, art. 10, inc. II). Ainda, o governo federal tem sua cota de obrigação nesse campo, pois "a União organizará e financiará o sistema federal de ensino e o dos Territórios, e prestará assistência técnica e financeira aos Estados, ao Distrito Federal e aos Municípios para o desenvolvimento de seus sistemas de ensino e o atendimento prioritário à escolaridade obrigatória" (CF, art. 211, § 1º e LDB art. 9º, inc. III), exercendo sua função redistributiva e supletiva (LDB, art. 9, inc. III).

Obviamente, os alunos da Educação Especial que estão fora do Ensino Fundamental deverão buscá-lo em sua modalidade regular, cabendo aos responsáveis legais por sua oferta propiciar as condições para que as escolas comuns possam recebê-los. Essa orientação não muda o rumo das instituições filantrópicas que mantêm escola especial, disponibilizando "serviços clínicos e/ou serviços de atendimento educacional especializado. Elas realizam atividades educacionais

Coleção Educação Inclusiva

complementares e, muitas vezes, indispensáveis ao adequado desempenho escolar do aluno na rede regular de ensino. Fica claro, portanto, que a providência da matrícula não pode ser atribuída, como obrigação, às instituições educativas de Educação Especial, senão aos "responsáveis legais". As instituições poderão auxiliar – e certamente o farão! – nesta tarefa. Nada além disto.

Nessa perspectiva, convém relembrar que as responsabilidades do Estado nas suas várias esferas administrativas, no tocante à educação, devem cobrir *NECESSARIAMENTE* as seguintes etapas: a) recensear a população escolar destinada ao Ensino Fundamental e zelar pela frequência dos alunos à escola (CF, art. 208, § 3º); b) assegurar o acesso e a permanência na escola (CF, art. 206, inc. I); c) garantir um ensino com padrão de qualidade (CF, art. 206, inc. VII); d) exercer função redistributiva e suplementar, de forma a garantir equalização de oportunidades educacionais e padrão mínimo de qualidade (CF, art. 211, § 1º). Tudo isto voltado para garantir "pleno desenvolvimento do educando, seu preparo para o exercício da cidadania e sua qualificação para o trabalho" (LDB, art. 2º). Nenhum sistema público de ensino do país tem condições de assegurar o cumprimento dessas finalidades e, ainda, de oferecer educação escolar regular para jovens e adultos, com características e modalidades adequadas às suas necessidades (LDB, art. 4º, inc. VII), sem o concurso de instituições da sociedade. Portanto, a contribuição dessas instituições que oferecem serviços de atendimento educacional especializado – como Apaes e as Pestalozzis – se põe focalmente dentro da ideia de inclusão escolar como formulação social de meios capazes de ultrapassar barreiras educacionais, respeitando-se as diferenças. A ideia é que a educação *NA* diversidade e *PARA* a diversidade situe-se sobre fundamentos didáticos e de organização que possibilitem pluralidade de apoio, de condições de trabalho cooperativo e de intensa e extensa flexibilidade institucional.

O acesso de alunos com deficiência às escolas e classes comuns

XXII – EXCERTO

"O sistema oficial de ensino, por meio de seus órgãos, nos âmbitos federal, estadual e municipal, deve dar às escolas especiais prazo para que adotem as providências necessárias, de modo que suas escolas especiais possam atender às prescrições da Constituição Federal e à Convenção da Guatemala[5].

Esta providência deve ser adotada com urgência no que diz respeito a alunos com deficiência, em idade de acesso obrigatório ao Ensino Fundamental. Os pais/responsáveis que deixam seus filhos dessa idade sem a escolaridade obrigatória podem estar sujeitos às penas do art. 246 do Código Penal, que trata do crime de abandono intelectual. É possível que os dirigentes de instituições que incentivam e não tomam providências em relação a essa situação possam incorrer nas mesmas penas (CP, art. 29). O mesmo pode ocorrer se a instituição simplesmente acolhe uma criança com deficiência recusada por uma escola comum (esta recusa também é crime, art. 8º, Lei 7.853/89) e silenciar a respeito, não denunciando a situação. Os Conselhos Tutelares e as autoridades locais devem ficar atentos para cumprir seu dever de garantir a todas as crianças e adolescentes o seu direito de acesso à escola comum na faixa obrigatória.

Considerando o grave fato de que a maioria das escolas comuns da rede regular dizem estar despreparadas para receber alunos com deficiência, a instituição especializada também deve oferecer apoio e conhecimentos/esclarecimentos aos professores das escolas comuns em que tais crianças e adolescentes estão estudando."

22 – Comentários

A imposição de prazos às escolas especiais *para que adotem as providências necessárias* dá a entender que estas instituições estão agindo à margem da Lei, ou seja, praticam atividades ilegais. Tal entendimento é, no mínimo, desrespeitoso, além do que, cabe aos sistemas de ensino, organizados em regime de colaboração (CF, art. 211) –

---

5. Cf. a seguir o item "Sugestões de áreas de atuação das instituições/escolas especiais".

Coleção Educação Inclusiva

e somente a eles! – definir competências e diretrizes para cada nível de ensino sob sua respectiva responsabilidade. A veemência da proposta somente teria sentido se, ao mesmo tempo, fosse dirigida ao Estado brasileiro, nas várias esferas administrativas, a quem cabe prover a rede escolar de todos os meios e recursos para o atendimento universal inclusivo.

Por outro lado, é inimaginável que possa haver "dirigentes de instituições" que incentivem a desescolarização de alunos. Por isso, a contundência da afirmação: "(...) É possível até que os dirigentes de instituições que incentivam e não tomam providências em relação a essa situação possam incorrer nas mesmas penas" (CP, art. 29). Semelha inoportuna, completamente extemporânea e, por isso, produtora de um efeito oposto ao desejado, à medida que suscita um clima de desconforto pessoal e de perturbação institucional.

Na verdade, o que deve ser estimulado é a criação de uma atmosfera de ampla participação da sociedade e de suas instituições para a ampliação dos espaços inclusivos, sem ameaças nem traumas, e dentro de uma perspectiva de construção de uma pedagogia coletiva. Os vários documentos da ONU, a propósito, caminham nessa direção, como se pode ver:

A) Programa Mundial de Ação Relativo às Pessoas com Deficiência (1983):

> (...) a educação [das pessoas com deficiência] deve ocorrer no sistema escolar comum (...). *As medidas para tal efeito* (grifo nosso) devem ser incorporadas no processo de planejamento geral e na estrutura administrativa de qualquer sociedade (22).

B) Normas sobre a Equiparação de Oportunidades para Pessoas com Deficiência (1996):

> 1. As autoridades da educação comum são responsáveis pela educação de pessoas com deficiência em ambientes inclusivos. Elas devem garantir que a educação de pessoas com deficiência seja uma parte integrante do planejamento nacional, do desenvolvimento do currículo e da organização escolar.

O acesso de alunos com deficiência às escolas e classes comuns

2. A educação em escolas comuns pressupõe a provisão de intérprete e outros serviços de apoio. Serviços adequados de acessibilidade e de apoio, projetados para atender às necessidades de pessoas com diferentes deficiências, devem ser portados (p. 28).

Por fim, diz a Declaração de Salamanca:

A preparação adequada de todo o pessoal de apoio constitui um fator-chave na promoção do progresso em direção às escolas inclusivas.

E ainda:

A provisão de serviços de apoio é de importância primordial para o sucesso das políticas educacionais inclusivas.

Pode ser realístico começar apoiando aquelas escolas que desejem promover educação e deslanchar projeto-piloto em algumas regiões a fim de se adquirir a necessária perícia para a expansão e a generalização progressiva. Na generalização da educação inclusiva, o nível de apoio e a perícia terão que ser compatíveis com a natureza da demanda (p. 41).

A Seesp/MEC optou por esta última alternativa, conforme se pode inferir da leitura do seu *Documento Orientador*, destinado aos estados e municípios – polos participantes do Programa *Educação Inclusiva: direito à diversidade*.

Ou seja, todos os enfoques aqui destacados revelam uma preocupação com a gradualidade do processo de inclusão, sem que isso seja entendido como limitação ao direito de acesso à escola comum na faixa etária de escolaridade obrigatória.

Coleção Educação Inclusiva

XXIII – EXCERTO

"É importante que esses apoios e conhecimentos não se constituam no que se costuma entender e praticar como reforço escolar. A escolaridade dos alunos com deficiência compete às escolas comuns da rede regular que, para não continuarem criando situações de exclusão, dentro e fora das salas de aula, devem responder às necessidades de todos os educandos com práticas que respeitem as diferenças.

O papel da instituição é o de oferecer o que não é próprio dos currículos da base nacional comum e, como defensoras dos interesses das pessoas com deficiência, cuidar para que as escolas comuns cumpram o seu papel.

Caso sejam encontradas resistências das escolas comuns da rede regular em aceitas as matrículas, ou manter as já existentes, mesmo com o apoio das instituições especializadas, os dirigentes destas devem orientar e acompanhar os pais para denunciarem o fato aos órgãos do Ministério Público local."

23 – Comentários

Não paira dúvida de que a escolaridade em nível de Ensino Fundamental dos alunos com deficiência compete às escolas comuns, como, igualmente, não paira dúvida de que a missão das instituições escolares é oferecer atividades educativas complementares à base nacional comum. Esse entendimento está consagrado nas Diretrizes Nacionais para a Educação Especial na Educação Básica, na qual, ao se tratar da organização do atendimento dos alunos com deficiência na rede regular de ensino, diz-se que "a escola regular de qualquer nível ou modalidade de ensino, ao viabilizar a inclusão de alunos com necessidades especiais, deverá promover a organização de classes comuns e de serviços de apoio pedagógico especializado".

O papel das escolas comuns está definido pela LDBEN, conforme o nível de ensino enfocado. Basta ver os artigos 22, 27, 29, 32, 35, 36 para se aquilatar a enormidade da tarefa. Maior do que tal tarefa só mesmo o quadro de limitações e de precariedades que marca o seu funcionamento. Em decorrência, melhor de que lhes atribuir a responsabilidade de "(...) continuarem criando situações de exclusão" é perceber que as mesmas dificuldades com que convivem não as impedem de funcionar com a decência profissional dos que nelas trabalham e com a disposição sonhadora dos que nelas aprendem.

Cumprir o papel, assim, é tudo que buscam fazer, embora, muitas vezes, estejam EXCLUÍDAS das prioridades das várias esferas de governo.

Por fim, cabe destacar que reforço escolar é mecanismo de apoio à melhoria dos níveis de apropriação dos conhecimentos acadêmicos ligados ao currículo escolar. E, pela LDB (art. 3º, inc. X), um dos princípios de organização do ensino é a valorização do extraescolar. Em uma escola compreensiva, nada é extracurricular. Por isso, as Diretrizes e os Parâmetros Curriculares Nacionais do Ensino Fundamental realçam tanto a ideia de cotidiano, de contextos plurais de aprendizagem e de práticas pedagógicas multirreferenciadas.

Talvez, o de que se necessite é criar "sistemas estruturados de apoio escolar" para uma partilha de conhecimentos e experiências. Esta, aliás, jamais vai ocorrer sem "um esforço deliberado por parte dos órgãos de gestão da escola". Não há dúvida de que as dificuldades de aprendizagem devem ser encaradas em termos curriculares. Nesse sentido, todas as crianças são especiais em sala de aula, circunstância que conduz evidentemente à questão central colocada a todos os profissionais: como conseguir que o ensino responda às necessidades individuais de cada aluno?

De acordo com o documento do MEC *Programa de capacitação de recursos humanos do Ensino Fundamental: necessidades especiais em sala de aula/série. Atividades pedagógicas* (1998), três são os critérios pedagógicos essenciais para sucesso da aprendizagem:

1. os professores precisam conhecer bem os alunos, em termos de suas capacidades, de seus conhecimentos, de seus interesses e de sua experiência anterior;

2. os alunos precisam ser ajudados a atribuir um sentido pessoal às tarefas e atividades de que participem;

3. as aulas devem ser organizadas de modo a estimular a participação e o espaço.

Se aprender é de dar um sentido específico à experiência, a aprendizagem requer o entendimento do que estamos fazendo e a conexão com os conhecimentos e as experiências anteriores. Como diz Václav Havel, "a educação é a capacidade de perceber as conexões ocultas entre os fenômenos". A relação entre conhecimento implícito (o que se traz para a escola) e conhecimento explícito (o que se constrói na escola) está no âmago do modelo de criação do conhecimento. Como aponta Tuomi (1999), na verdade é impossível separar o conhecimento em dois "compartimentos" perfeitamente distintos.

Em síntese, há reforço escolar dentro da escola e fora dela. Tudo funciona à luz de uma concepção sistêmica e unificada da vida cujo "padrão básico de organização é a rede" (CAPRA, 1999:266; CASTELLS, 2001:49). Morin (2000), ao abordar o conhecimento escolar via teoria da complexidade, lembra que

> a supremacia do conhecimento fragmentado de acordo com as disciplinas impede frequentemente de operar o vínculo entre as partes e a totalidade, e deve ser substituída por um modo de conhecimento capaz de aprender os objetos em seu contexto, sua complexidade, seu conjunto. (...) *O ser humano é a um só tempo físico, biológico, psíquico, cultural, social e histórico. Esta unidade complexa da natureza terrena é totalmente desintegrada na educação por meio das disciplinas, tendo-se tornado impossível aprender o que significa ser humano. É preciso restaurá-la, de modo que cada um, onde quer que se encontre, tome conhecimento e consciência, ao mesmo tempo, de sua identidade complexa e de sua identidade comum a todos os outros humanos* (grifo nosso).

Ou seja, tem-se que entender e praticar o reforço escolar à luz da legislação e sob a moldura da condição humana.

Por outro lado, não é possível separar os conceitos de escolaridade e educabilidade. Nesse sentido, reforço escolar não é insuficiência, compensação, senão ação orientadora qualitativa e individualizada e, por isso, facilitadora do processo de assimilação de conhecimentos e habilidades próprias de cada conteúdo curricular e das formas próprias que cada um tem de aprender. Por isso, aprender e ensinar supõem sempre responsabilidade compartilhada.

XXIV – Excerto

"1. Sobre a necessária evolução interpretativa de outras normas: integração *x* inclusão.

A Lei 7.853/89, o Decreto 3.298/99 e outras normas infraconstitucionais e infralegais refletem certa distorção em relação ao que se extrai da Constituição Federal e da Convenção da Guatemala. Os termos constantes destas normas, ao garantir às pessoas com deficiência o direito de acesso ao ensino regular 'sempre que possível', 'desde que capazes de se adaptar', refletem uma época histórica em que a integração esteve bastante forte, principalmente no Brasil. Na ótica da integração é a pessoa com deficiência que tem de se adaptar à sociedade, e não necessariamente a sociedade é que deve criar condições para evitar a exclusão. A integração é, portanto, a contraposição do atual movimento mundial de inclusão. Neste, existe um esforço bilateral, mas é principalmente a sociedade que deve impedir que a exclusão ocorra.

Em uma interpretação progressiva, adequada com os princípios e objetivos constitucionais atuais de 'promoção do bem de todos, sem qualquer discriminação', entende-se que essas normas, quando falam em 'sempre que possível', 'desde que capazes de se adaptar', estão se referindo a pessoas com severos comprometimentos de saúde.

Essas pessoas, em estado de vida vegetativa, sem quaisquer condições de integração com o meio externo, que não são sequer público das chamadas escolas especiais, necessitam de cuidados de saúde que as impedem, ao menos temporariamente, de receberem educação escolar.

Caso ocorra uma melhora dessa condição e saúde, ainda que pequena, essas pessoas por direito deverão frequentar escolas comuns da rede regular. Nesses ambientes educativos, certamente elas terão melhores oportunidades de se desenvolver no aspecto social e, quanto aos aspectos educacionais escolares, esses alunos poderão aprender o que lhes for possível.

Mesmo que não consigam aprender todos os conteúdos escolares, há que se garantir também aos alunos com severas limitações o direito à convivência na escola, entendida como espaço privilegiado da formação global das gerações. Uma pessoa, em tais condições, precisa inquestionavelmente dessa convivência.

Além disso, os conteúdos escolares que esse aluno não conseguir aprender numa escola que lhe proporcione um ambiente desafiador e que adote as práticas de ensino adequadas à heterogeneidade das salas de aula provavelmente não serão aprendidos em um ambiente segregado de ensino. Por outro lado, nada impede que esse aluno severamente prejudicado receba atendimento educacional especializado como complemento e apoio ao seu processo escolar na escola comum. Os demais alunos, sem deficiência, para conviverem com naturalidade em situações como essas, devem, se necessário, receber orientações dos professores sobre como acolher e tratar adequadamente esses colegas em suas necessidades. Certamente todos serão beneficiados, tanto no aspecto humano como no pedagógico, com a presença desses alunos nas turmas escolares."

24 – Comentários

Menos do que contraposição, a inclusão é um estágio evolutivo do movimento da integração. Esta corresponde a um conceito seletivo de equiparação de oportunidades, aquela diz respeito a uma visão holística e inteira de cidadania, de sociedade e de condição humana. Por ela, "(...) a sociedade se adapta para poder incluir, em seus sistemas sociais gerais, pessoas com necessidades especiais e, simultaneamente, estas se preparam para assumir seus papéis na sociedade" (SASSAKI, 2003:41).

As expressões "sempre que possível" e "desde que capazes de se adaptar" atendem à dimensão teleológica da educação, "cuja finalidade, qualquer que seja o nível em que se dê, é possibilitar, a cada um, satisfazer a necessidade radical da pessoa humana, a de sua expressividade" (FREIRE, 1992).

Pessoas *em estado de vida vegetativa sem quaisquer condições de interação com o meio externo que não são sequer público da demanda das escolas especiais* estão "enquadradas" na moldura dessas expressões por definição legal, mas, sobretudo, por sua condição humana. Levar tais pessoas para escolas comuns da rede regular, *caso ocorra* *uma melhora dessa condição de saúde, **ainda que pequena**,* é imaginar que fora da rede regular de ensino há salvação! Nada justifica expor vidas a situações de risco e de desconforto. Igualmente, não se pode exigir da escola e do professor que atuem em circunstâncias que lhes fogem ao conhecimento e ao controle, colocando-os em situação de irresponsabilidade funcional (escola) e profissional (professor).

Por isso, Mittler (2003:184), falando de atitudes e sentimentos das escolas e instituições educativas, diz, com enorme adequação:

> Criar oportunidades para capacitação não significa, necessariamente, influenciar o modo como os professores sentem-se em relação à inclusão. Tais sentimentos são fundamentais, e precisam ser levados a sério. Qualquer dúvida ou quaisquer reservas não devem ser considerados como reacionários ou simplesmente anulados. Os professores precisam de oportunidades para refletir sobre as propostas de mudança que mexem com seus valores e com suas convicções, assim como aquelas que afetam sua prática profissional cotidiana. Os professores já estiveram sujeitos a uma avalanche de mudanças, nas quais suas visões não foram seriamente consideradas. É importante que a inclusão não seja vista apenas como uma outra inovação (...). Cada escola tem sua própria abordagem de envolvimento na promoção de mudanças (...).

Coleção Educação Inclusiva

XXV – Excerto

"Sem que a escola conheça os seus alunos e os que estão à margem dela não será possível elaborar um currículo escolar que reflita o meio social e cultural em que se insere. A integração entre as áreas do conhecimento e a concepção transversal das novas propostas de organização curricular transformam as disciplinas acadêmicas em meios e não em fins da educação escolar. As propostas curriculares reconhecem e valorizam os alunos em suas peculiaridades étnicas, de gênero, cultura; partem de suas realidades de vida, de suas experiências, de seus saberes, fazeres e vão sendo tramadas em redes de conhecimento que superam a tão decantada sistematização do saber.

Embora ainda muito incompreendida pelos professores e pais, por ser uma novidade e por ainda ser pouco difundida e aplicada nas redes de ensino, a implantação dos ciclos é uma outra solução a ser adotada quando se pretende que as escolas acolham a todos os alunos, sem discriminações. De fato, se dermos mais tempo para que os alunos aprendam, eliminando a seriação e a reprovação nas passagens de um ano para o outro, estaremos adequando a aprendizagem ao que é natural e espontâneo no processo de aprender e no desenvolvimento humano, em todos os seus aspectos.

Não se pode imaginar uma educação para todos quando constituímos grupos de alunos por séries de desempenho escolar e determinamos para cada nível objetivos e tarefas adaptadas. E, mais ainda, quando encaminhamos os que não 'cabem' em qualquer dessas determinações para classes e escolas especiais, argumentando que o ensino para todos não sofreria distorções de sentido em casos como esses!

Essa compreensão equivocada da escola inclusiva acaba instalando cada criança em um *locus* escolar arbitrariamente escolhido e acentua mais as desigualdades, justificando o fracasso escolar como problema exclusivamente devido ao aluno."

25 – Comentários

O sucesso da escola está na ordem direta do conhecimento que, de fato, seja de seus alunos, seja do seu entorno.

O contexto não é apenas uma referência geográfica para as pessoas, senão a grande paisagem cultural de fornecimento dos nutrientes para a construção das identidades individuais e sociais. Nesse sentido, o contexto vincula-se diretamente à função social da escola. O aluno se desenvolve em seu "milieu" e, também, no contexto educativo da escola.

A ampliação do conhecimento na sociedade atual requer diferentes formas de aprendizagem. A escola disponibiliza uma delas: a aprendizagem intencional, planejada e sistemática. Evidentemente, desempenha muitas outras funções, tais como a transmissão dos valores culturais, o desenvolvimento da consciência nacional, a reprodução da ordem social e a formação para o trabalho, para lembrar, apenas, algumas.

A legitimidade da educação escolar, portanto, no nível básico obrigatório, repousa nessa atribuição, por enquanto, insubstituível de apoiar as crianças e os jovens no desenvolvimento de suas competências e habilidades. Somente assim eles poderão se incorporar plenamente à sociedade de que fazem parte e pela qual têm o dever de trabalhar. Pode-se dizer, por isso, que a significação da função social da escola "justifica que a escolarização seja considerada um direito de qualquer cidadão e seu descumprimento represente um ataque à igualdade de oportunidade" (PUELLES, 1966).

Desse ponto de vista, o conhecimento dos alunos e de suas circunstâncias pela escola impõe-se como condição imprescindível para que ela cumpra, adequadamente, a larga gama de funções que a sociedade lhe confia. Este conhecimento contribui para trabalhar o currículo em suas diferentes vertentes e sob diferentes rotas metodológicas. Aqui, a interdisciplinaridade e a transversalidade têm presença marcante.

Surge surpreendente a expressão "tão decantada sistematização do saber". Primeiro porque é inerente à educação escolar trabalhar o saber sistematizado. Segundo porque não se pode falar em "redes de conhecimento" fora do saber organizado. À margem de tal saber, o que existem são redes de dados e informações.

A ideia de implantação de ciclos precisa ser vista com cuidado. Não que ela seja implausível ou desinteressante. Entretanto, exige um conjunto de condições para sua implantação como veremos adiante.

Coleção Educação Inclusiva

Antes, convém anotar que a educação básica pode ser organizada de diferentes formas. Não há um modelo nem esquemas pré-moldados considerados mais indicados. Há, sim, formas diferenciadas que poderão, de acordo com cada circunstância, ser mais adequadas ou menos adequadas. Trata-se, porém, de uma entre diversas alternativas.

A Lei de Diretrizes e Base da Educação Nacional destaca essa possibilidade de a educação básica se organizar em séries anuais, períodos semestrais, *ciclos*, alternância regular de períodos de estudos com base na idade, na competência. Mas acrescenta que poderá haver outros critérios e forma diversa de organização, sempre que o interesse do processo de aprendizagem assim o recomendar. Diz, ainda, a LDB que a "escola poderá reclassificar os alunos (...) tendo como base as normas curriculares gerais" (art. 23, § 1º).

No Brasil, a organização escolar é feita hegemonicamente, sob a forma de regime seriado. Experiências com o esquema de ciclos tem mostrado óbices ainda não resolvidos. O Conselho Estadual de São Paulo aprovou deliberação dividindo o Ensino Fundamental em dois ciclos, durante os quais o aluno é automaticamente promovido para a série seguinte. Neste caso, a ocorrência de eventual reprovação ficaria limitada ao final de cada ciclo, ou seja, às quartas e oitavas séries, respectivamente. Com tal medida, os índices de evasão e repetência se reduzem, evidentemente. O aluno é estimulado a se envolver, totalmente, no processo de aprendizagem, sem as pressões naturais da aprovação semestral e anual. Este fato tem produzido frequentes reclamações dos professores, que consideram o nível de prendizagem dos alunos comprometidos. "Os alunos são automaticamente aprovados só por estarem matriculados e frequentarem as aulas. É como se estivessem servindo em quartel", disse uma professora em interessante matéria sobre a organização da escola em ciclo de aprendizagem, publicada na revista *Educação*, de julho de 2004. O estado do Ceará seguiu idêntica orientação, porém, com uma organização escolar de ciclo por biênio, para distribuição do tempo escolar relativo aos ensinos Fundamental e Médio. Os resultados das experiências são controvertidos. Tem faltado, na verdade, um acompanhamento mais sistematizado da experiência, o que termina por estreitar as chances da produção de pesquisas, investigações e análises comparativas entre o sistema seriado e o sistema de ciclos.

Sem dúvida, medidas desse tipo não produzem efeitos educativamente consistentes se tomadas isoladamente. Antes de qualquer iniciativa inovadora na área é necessário definir, claramente, qual o padrão básico de funcionamento e de desenvolvimento de uma educação básica. Para tanto, Carneiro (1994:101) propõe as questões:

> • Quais são os insumos necessários à tipificação deste tipo de escola, tratando-se de escola pública?

> • Quais são os padrões de referência para que esta escola pública trabalhe o processo de incremento da qualidade educativa, envolvendo, articuladamente, professores, alunos, funcionários, familiares e o entorno da escola?

> • O que se pretende, de fato, desenvolver a qualidade da escola na sua função social, ou, apenas, alterar as estatísticas educacionais?

Sem uma adequada resposta a essas questões, estaremos diante de mais um modismo pedagógico com riscos absolutamente previsíveis. Aqui, vale lembrar que de quase duzentos mil estabelecimentos de Ensino Fundamental do país, 64% estão situados em pequenos municípios e na zona rural. Neles trabalham duzentos e oitenta mil professores. Estes professores não contam com processos de formação continuada, com inegáveis prejuízos para a realização de uma aprendizagem assistida por parte de seus alunos.

Em diversos países e situações, os ciclos de aprendizagem têm sido usados como mecanismo para combater o fracasso escolar. A própria França adota o esquema cíclico em sua escola elementar, cuja estrutura desenha-se em dois ciclos, distribuídos nas faixas etárias de sete a oito anos e de 11 a 12 anos. O país introduziu os CICLOS DE APRENDIZAGEM em 1989. Aqui e ali, a experiência tem sido comprometida pelas mudanças políticas. A Suíça, a Bélgica e o Canadá francês (Quebec) vêm experimentando esta concepção de organização escolar também. Varia, evidentemente, em sua configuração, pois há ciclos de duração maior e ciclos de duração menor.

Perrenoud (2004) propõe, em seu texto muito apreciado no Brasil *Os ciclos de aprendizagem. Um caminho para combater o fracasso escolar*, uma reflexão rica sobre as consequências do que a implantação dos ciclos de aprendizagem supõe. Em suas observações, os CICLOS DE APRENDIZAGEM constituem rotas para se ensinar melhor e para lutar contra o fracasso escolar e as desigualdades. Este objetivo, por si só, já é de extrema relevância socioeducativa. Porém deixa claro, igualmente, que os ciclos por si sós não resolvem o problema da aprendizagem. De fato, para funcionarem adequadamente, precisam contar não com certas condições, mas com condições certas, tais como:

• existência de um contrato de base entre professores, pais e alunos;

• imaginação mais ampla e concentrada no campo pedagógico e organizacional;

• trabalho docente compartilhado todo o tempo;

• práticas pedagógicas consistentes, com base no princípio da pedagogia diferenciada;

• refundação dos métodos de aprendizagem;

• programa de formação continuada dos professores, uma vez que o processo permanente de avaliação do aluno requer crescente competência dos docentes;

• avaliação dos alunos não baseada no domínio dos conteúdos, mas sempre olhando o ponto de partida do aluno;

• desenvolvimento dos ciclos com equipes pedagógicas estáveis. Cada equipe deve ser responsável durante anos por um grupo de alunos;

• apoio institucional direto e resolutivo.

Como se pode inferir, trabalhar com ciclos de aprendizagem supõe mais do que uma mudança na estrutura da escola. Presume transformações em sua cultura. Por isso, Perrenoud conclui:

> Os ciclos podem representar um progresso importante na democratização do ensino, assim como no avanço para pedagogias ativas e construtivistas. Podem também não mudar nada de essencial e até mesmo agravar as desigualdades. O que fará a diferença? Os atores, as relações de força, mas também a clareza e a pertinência de suas ideias, o caráter sistêmico de sua abordagem, a inteligência das suas estratégias de mudança, sua tolerância à desordem provisória e à diferença.

Por todas essas razões, expressas com a absoluta clarividência pelo sociólogo Philippe Perrenoud, parece determinante que a intro-

O acesso de alunos com deficiência às escolas e classes comuns

dução de ciclos de aprendizagem jamais pode ser feita de forma isolada. Requer um conjunto articulado de processos de intervenção na organização da escola. "Portanto", diz Perrenoud, "não é possível, hoje em dia, entregar 'pronto para usar' um modelo de organização em ciclos que já tenha dado provas de eficiência. A menos que se espere uma quinzena de anos, observando o que se passa com os outros, no sistema educacional não tem outra escolha senão inovar de modo controlado, identificando, ajustando-se *progressivamente* das rotinas familiares, *para não criar nenhum risco para os alunos*" (2004:53).

Inclusão já, mas... por onde começar?

O título que encima esta última etapa de comentários está presente por toda parte e é extremamente salutar que assim seja. A inclusão social é um direito fundamental. Nessa perspectiva, a escola inclusiva é o lugar natural de acesso e permanência educacional dos alunos. De todos os alunos! Daí, a denominação de escola *regular* e de rede *regular* de ensino.

Matricular os alunos com deficiência nas escolas e classes comuns mais do que desejável, é imperativo legal. Não por acaso, aliás, dado ser a escola a instância concebida pela sociedade para o trânsito da vida privada para o espaço coletivo do domínio público. Do ambiente familiar agregador, o aluno parte para o ambiente coletivo congregador – a escola –, onde vai receber formação e viver transformações através da função social reguladora do aparelho escolar. Nele, e por ele, cada aluno trabalha conhecimentos hospedados no currículo e eivados de valores éticos, estéticos, políticos, econômicos e culturais e, em cujo interior, vai construindo sua identidade. Por isso, diz-se que a escola tem o compromisso democrático insubstituível de introduzir o aluno no mundo social, na realidade cultural abrangente e nos avanços científicos. Ora, se assim o é, *TODOS* têm o direito a esta introdução via escola *regular*, sempre que for possível.

As instituições de educação especial, por sua vez, trabalham objetivos diferentes desses. Por essa razão, adotam um enfoque complementar e não substitutivo das funções do professor da escola comum! Assim, as salas de aula das escolas comuns que têm alunos com deficiência incluídos precisam ser operadas com suficiente clareza pedagógica para não se confundirem dificuldades de ensino-aprendizagem com origem em limitações organofuncionais "com barreiras para o aproveitamento escolar de todo e qualquer aluno" (MEC/Seesp, 2005:9). Aqui, convém lembrar que a visão organicista e tradicional de "dificuldade de aprendizagem", muito atrelada a causas de disfunção do sistema nervoso central, cede, cada vez mais, a compreensão multidisciplinar que identifica, em fatores de ordem social, emocional e pedagógica, possíveis causas destas dificuldades.

Na realidade nacional, a escola comum conta ainda com muitas limitações no tocante à apropriação de diversidade nas perspectivas teórica e da pluralidade de estoques orientadores das práticas pedagógicas. Esse problema, aliás, não é só da escola brasileira. Como aponta Wong (1996), a própria aceitação social desse fenômeno já constitui um enorme problema.

Pode-se dizer, então, que a escola comum tem dois desafios permanentes e convergentes a responder: atender adequadamente àqueles alunos com dificuldades de aprendizagem em algum momento do percurso acadêmico e, ainda, fazer o mesmo com aqueles alunos que carecem de atendimento educacional especializado. A estes últimos alunos se destina o documento *O acesso de alunos com deficiência às escolas e classes comuns da rede regular*, objeto destes comentários.

Conclui-se imperativamente que a questão básica colocada a *todas* as escolas para que possam receber *todos* os alunos está vinculada ao acesso ao currículo. Sánchez Palomino & Torres Gonzáles (1998:40-41) apontam os seguintes focos que deverão ser levados em conta para a construção de respostas educativas adequadas ao quadro de singularidades dos sujeitos aprendentes:

I – *Adaptação de objetivos*
• Priorização de alguns objetivos
• Introdução de objetivos complementares
• Introdução de objetivos alternativos

II – *Adaptação de conteúdos*
• Priorização de conteúdos
• Adoção de conteúdos complementares
• Introdução de conteúdos alternativos

III – *Adaptação metodológica*
• Introdução de métodos e procedimentos alternativos
• Seleção de atividades alternativas

IV – *Adaptação dos processos de avaliação*
• Escolha de critérios específicos de avaliação
• Escolha de critérios específicos de programação
(Apud GONZÁLEZ, 1999:116).

Quando se fala em "inclusão já", não se trata de desativar o que está funcionando, senão de articular, adequadamente, o que poderá funcionar melhor. Para tanto, é sempre conveniente frisar que as instituições de educação especial trabalham objetivos convergentes com aqueles da escola regular. Ou seja, são especiais porque adotam enfoques complementares e não substitutivos daqueles do currículo escolar básico. Na verdade, escolas e instituições precisam estabelecer passarelas para o entendimento.

O trânsito interinstitucional, por sua vez, supõe processos de aproximação e não de exclusão. Processos que requerem negociação didática, visando um posicionamento adequado diante de variáveis que configuram o ato de aprender. Por essa razão, escolas comuns e instituições de educação especial precisam compreender que "existem diferenças entre aceitar teoricamente a diversidade e transformar a forma de ensinar para adequá-las às diferenças dos alunos" (RODRIGUEZ, 1993).

Há mil formas de construir essas rotas de aproximação. Aqui, destacamos as seguintes:

1. redesenhar o projeto pedagógico da escola, relativizando a ênfase em recursos compensatórios e valorizando novas e diferentes formas de configurar os componentes de gestão escolar e do próprio currículo;

2. articular todos os recursos da escola e todos os recursos da comunidade, ensejando o uso de metodologias plurais de aprendizagem;

3. descobrir, objetivamente, as causas do fracasso escolar através do envolvimento de professores, familiares e alunos, considerando que

O acesso de alunos com deficiência às escolas e classes comuns

há inúmeras variáveis interferindo no processo ensino-aprendizagem e que muitas delas dependem do contexto social e educacional;

4. trabalhar com a ideia de espaço e de tempo de aprendizagem flexibilizados, de sorte que possam se adequar às necessidades e motivações dos alunos e de cada aluno;

5. mudar a compreensão dos objetivos pedagógicos. Já não podem ser entendidos como referências de um programa de ensino fechado, mas como constituintes dinâmicos de referência para o desenvolvimento de capacidades;

6. vincular os conteúdos curriculares a centros de interesse e a áreas promissoras dos alunos;

7. unir teoria pedagógica e ação "concretizando" o currículo como um compacto integrador, composto e contextualizado de aprendizagem;

8. valorizar a aprendizagem através de serviços educacionais coordenados, o que supõe: a) flexibilidade na organização; b) opções de aprendizagens alternativas; c) adoção do conceito de tempos diferentes de aprendizagem para os alunos individualmente considerados;

9. mudar completamente o foco atual de formação inicial e continuada do professor, dos processos de avaliação do ensino e dos mecanismos de interação escola, família e comunidade.

Desenvolver passarelas de articulação com universidades e centros de pesquisa com o objetivo de trabalhar com práticas pedagógicas contemporâneas, construtivistas e academicamente adequadas.

Escolas regulares e instituições de educação especial devem, ainda, atentar para a distância entre modelos educativos e modelos clássico-terapêuticos. A concepção de sujeito e sua própria construção social diferem, pondo-se em direções diametralmente opostas. A linha de distanciamento coloca-se entre o que separa diversidade de incompletude. Compreender essa questão afasta, de partida, dois mitos que acompanham muitos daqueles que convivem com a educação especial. O primeiro consiste em se acreditar que expectativas pedagógicas limitadas, muitas vezes presentes nas escolas especiais, derivam das próprias limitações dos alunos especiais e que ambos respondem pelo fracasso escolar. O segundo mito, muito presente nas escolas da rede regular de ensino, consiste em um alinhamento conceitual e curricular de escola que, partindo de uma concepção gestionária homogênea, uniforme e inflexível de necessidade educativa, não possibilita que a instituição se organize para desenvolver projetos pedagogicamente diferentes em função de trajetos individuais diferenciados. Ou seja, estamos diante de um circuito de equívocos que estreita as possibilidades de inclusão escolar em decorrência de uma luta obstinada contra a deficiência e, não, a favor da construção de identidades autônomas.

Em síntese, a questão não é de *desautorizar* as instituições de educação especial em seu trabalho, senão de produzir correção de rotas da parte delas e da parte da rede regular de ensino. Ou seja, urge rever disfuncionalidades porventura existentes, em ambos os lados, pela inclusão de ações e não propriamente pela exclusão de instituições! Somente esse processo de compartilhamento poderá ensejar a multiplicação de vias pedagógicas para o enfrentamento objetivo de circunstâncias de atraso no desenvolvimento sociopedagógico dos alunos. Sem esta associação, com o fechamento puro e simples de instituições que oferecem atendimento educacional especializado – como querem alguns –, com escolas amplamente deficientes em suas estruturas-meio, como é hegemonicamente a situação das escolas das redes públicas de ensino do país e, por fim, com medidas de imposição aos professores que possuem e explicitam dificuldades em trabalhar com alunos especiais em salas de aula superdimensionadas, corre-se o risco de aumentar as zonas de exclusão escolar. Ou seja, o primeiro passo para a inclusão educacional no Brasil é fazer com que escolas regulares e instituições de educação especial deixem de viver e trabalhar em mundos autoexcludentes.

Propõe-se, portanto, que a ideia de *inclusão já* desnude-se do caráter contraditório e impositivo com que é apresentada. Deixe de ser *ordem* às instituições educativas e passe a ser um *reordenamento*, como forma de produzir uma intensa mobilização social em favor de uma inclusão escolar não excludente e a partir da constatação de que "(...) a inclusão escolar vem se efetivando na prática com dificuldade, muito antes de a legislação vigente formalizar a proposta" (SILVA & FÁCION, 2005:18).

Em síntese, quais são os desafios a enfrentar para implantar e implementar políticas, diretrizes e ações institucionais e pedagógicas inclusivas no sistema educacional? Dentre tantos, podem-se destacar os seguintes:

O acesso de alunos com deficiência às escolas e classes comuns

1. Sensibilização da sociedade para compreender a diversidade humana como fator determinante de uma convivência compartilhada.

2. Conscientização da comunidade escolar sobre o direito que cada indivíduo tem de se desenvolver cognitiva e socialmente de acordo "com suas necessidades básicas de aprendizagem". Para tanto, é necessário cada escola responder diariamente a questão: Com que níveis de inclusão estamos trabalhando?

3. Articulação permanente entre escolas do sistema regular de ensino e instituições especializadas, ensejando-se a intercomplementaridade de ações na perspectiva da factibilidade da inclusão educativa, o que não ocorrerá sem parcerias, inclusive parceria com a família.

4. Investimentos financeiros concentrados e continuados na capacitação dos seguintes níveis de atores políticos e socioinstitucionais:

• representantes políticos

• gestores

• magistrados e membros do Ministério Público

• professores e profissionais de apoio ao ensino

• pesquisadores e equipes de formadores institucionais

• membros de Conselhos de Educação

• pais, familiares e responsáveis por crianças com deficiência

• representantes de entidades comunitárias e de instituição de educação especial

• autoridades locais

• diretores de sindicatos e/ou de associações de professores.

5. Conjugação, por via institucional, de mecanismos de inclusão escolar e serviços de apoio, o que supõe contratar mais pessoas e profissionais especializados para atuarem na escola e na sala de aula, em apoio permanente ao professor.

6. Verificação do que está disponível em cada escola e do que, sendo essencial, ainda falta para viabilizar o funcionamento adequado de uma sala de aula inclusiva.

7. Redução estratégica do número de alunos por turma e implantação de programas continuados de capacitação docente, com os seguintes focos:

Coleção Educação Inclusiva

- professores recém-formados com reduzida compreensão da educação inclusiva e dos mecanismos de funcionamento de uma *só escola para todos*;
- professores com experiência docente nas salas de aula tradicionais, porém sem formação especializada para atuarem em classes inclusivas;
- professores com formação específica em educação para pessoas com deficiência.

8. Contratação de especialistas de apoio e implementação de programas de educação continuada para todos os tipos de profissionais que trabalham nas escolas e nas instituições educativas (médicos, psicólogos, assistentes sociais, terapeutas ocupacionais, fonoaudiólogos, enfermeiros e tantos outros que se fizerem necessários).

9. Revisão, pelas agências formadoras, dos parâmetros atuais de formação de professores de Educação Básica.

10. Disponibilização, pelas universidades e centros de investigação, dos avanços no campo de pesquisa e que poderão ter repercussão no processo de desenvolvimento cognitivo das pessoas com dificuldades de aprendizagem.

11. Disponibilização de uma fonte de financiamento para atender as necessidades particulares das escolas, a partir da apresentação de projetos voltados para a implementação de estratégias locais no campo da educação inclusiva.

O conjunto destas providências facilitará a construção de alternativas para tornar o currículo pertinente a todos os alunos, ao mesmo tempo em que ensejará a multiplicação de zonas de ação em educação inclusiva, dentro de um processo efetivo e sem qualquer simplificação dos problemas inerentes à complexidade da questão. Sobretudo quando esta questão envolve alunos com déficit intelectual. A experiência tem mostrado que tais alunos, quando colocados em situação de inclusão, apresentam "(...) melhores resultados na socialização do que na produção acadêmica" (FÁCION, 2005:194), o que indica a necessidade de maiores investigações nesse campo.

Porém, a experiência mostra igualmente que uma escola regular despreparada para a inclusão corre o pior de todos os riscos: abandonar a criança na sala de aula, ou seja, incluir, excluindo.

Bibliografia

AINSCOW, M. (1994). *Special Needs in the Classroom*: A Teacher Education Guide. Londres: Jessica Kingsley/Unesco.

ASSMAN, Hugo (2000). *Competência e sensibilidade solidária. Educar para a esperança*. Petrópolis: Vozes.

BATISTA, Cristina Abranches Mota (2004). *Inclusão*: construção na diversidade. Belo Horizonte: Armazém de Ideias.

BOFF, Leonardo (2003). *A águia e a galinha*. Petrópolis: Vozes.

CÂMARA DOS DEPUTADOS (2004). *Legislação brasileira sobre pessoa portadora de deficiência*. Brasília, DF.

CAMARGO Jr., Walter et al. (s.d.). *Transtornos invasivos do desenvolvimento*. [s.l.]: 3º Milênio.

CANDAU, Vera Maria (org.) (2000). *Reinventar a escola*. Petrópolis: Vozes.

CANDAU, Vera Maria et al. (2002). *Oficinas pedagógicas de direitos humanos*. 5. ed. Petrópolis: Vozes.

CAPRA, Fritjof (2002). *As conexões ocultas*. São Paulo: Cultrix.

CARNEIRO, Moaci Alves (2005). *LDB fácil*. Petrópolis: Vozes.

CONADE/CORDE/SEDH/PR (2006). *I Conferência Nacional dos Direitos da Pessoa com Deficiência. A acessibilidade: você também tem compromisso. Subsídios para o conferencista*. Brasília: Cord.

EDUCAÇÃO (2004). São Paulo: Segmento, jul. 2004.

FÁCION, José Raimundo (2005). *Inclusão escolar e suas implicações*. Curitiba: IBPEX.

FEDOZZI, Luciana (2002). *Orçamento participativo*. Porto Alegre: Tomo Editorial.

GONZÁLEZ, José Antônio Torres (2002). *Educação e diversidade. Bases didáticas e organizativas*. Porto Alegre: Artmed.

Coleção Educação Inclusiva

GULLIFORD, R. (1971). *Special Educational Needs*. Londres: Routledge and Kegan Paul.

HEGARTY, S. (1994). *Educación de niños y jóvenes com discapacidades. Princípios e práticas*. Unesco.

HERNANDEZ, Ruiz S. (1994). *Organização escolar*. México: UTEHA.

IBGE (2003). *Síntese de indicadores sociais*. Brasília/Rio de Janeiro.

INSTITUTO INTERDISCIPLINAR (2005). *Convenção de Salamanca/Convenção da Guatemala. Textos integrais*. Brasília.

Jornal Oficial das Comunidades Europeias (1990), n° C 162/2, 08 ago.

JÚNIOR, Roberto Bolonnini (2004). *Portadores de necessidades especiais. As principais prerrogativas dos portadores de necessidades especiais e a legislação brasileira*. São Paulo: ARX.

LIMA, Maria Cristina de Brito (2003). *A educação como direito fundamental*. Rio de Janeiro: Lúmen Júris.

MALISKA, Marcos Augusto (2001). *O direito à educação e a constituição*. Porto Alegre: Sérgio Antonio Fabris.

MEC (1998). *Programa de capacitação de recursos humanos do Ensino Fundamental. Necessidades especiais em sala de aula*. Brasília: Série Atualidades Pedagógicas, 2.

MEC (2004). *Subsídios para a gestão dos sistemas educacionais. Orientações gerais e marcos legais*. Brasília: MEC/Seesp.

MEC/SEESP (2001). *Direito à educação. Necessidades especiais*: subsídios para atuação do Ministério Público Brasileiro. Brasília.

_____ (2002). *Diretrizes curriculares nacionais da educação especial na educação básica*. Brasília.

_____ (2005). *Educação inclusiva, atendimento educacional especializado para deficiência mental*. Brasília.

MEDEIROS, Mônica Sifuentes (2001). *O acesso ao Ensino Fundamental no Brasil*: um direito ao desenvolvimento. Rio de Janeiro: América Jurídica.

MELLO, Celso Antônio Bandeira de (2005). *Conteúdo jurídico do princípio da igualdade*. 3. ed. São Paulo: Malheiros.

MINISTÉRIO PÚBLICO FEDERAL. Fundação Procurador Pedro Jorge de Melo e Silva (2004). *O acesso de alunos com deficiência às esco-*

O acesso de alunos com deficiência às escolas e classes comuns

las e classes comuns da rede regular. Brasília: Procuradoria Federal dos Direitos do Cidadão.

MITTLER, Fermino Fernandes (org.) et al. (2002). *Dificuldades de aprendizagem no contexto psicopedagógico*. Petrópolis: Vozes.

MITTLER, Peter (2003). *Educação inclusiva. Contextos sociais*. Porto Alegre: Artmed.

MORIN, Edgar (2000). *Os sete saberes necessário à educação do futuro*. Brasília/São Paulo: Unesco/Cortez.

OLIVEIRA, Almir de (2000). *Curso de direitos humanos*. Rio de Janeiro: Forense.

PARRILLA, A. (1992b). *La integración escolar como experiencia institucional*. Sevilla: GID.

_____ (1995). *Apoyo interno, revisión de modelos y funciones. Jornadas de apoyo a la escuela y procesos de diversidad educativa*. Sevilha: [s.e].

POPLIN, M. (1991). *La falacia reducionista en las discapacidades para el aprendizaje: duplicación del pasado por reducción del presente*. [s.l.]: Siglo Cero, 137, p. 18-22.

POSTERNAK, Y. (1979). *Integration of Handicapped Children and Adolescents in Italy*. Paris: OECD.

RESTREPO, Luiz Carlos (1998). *O direito à ternura*. Petrópolis: Vozes.

SAPON-CHEVIN, M. (1990). "Special Education and the Colmes Agenda for Teacher Education Reform". *Theory Into Practice* 20(1), 55-60. Londres.

SASSAKI, Romeu Kazumi (2003). *Inclusão. Construindo uma sociedade para todos*. Rio de Janeiro: WVA.

SCHWARTZMAN, José Salomão (1997). "Integração: do que e de quem estamos falando?" In: *A integração de pessoas com deficiência. Contribuições para uma reflexão sobre o tema*. São Paulo: Memnon, p. 62-66.

SKLIAR, Carlos (org.) (2001). *Educação e exclusão. Abordagens socioantropológicas em educação especial*. Porto Alegre: Mediação.

SILVA, Tomaz Tadeu (2002). *Documentos de identidade, uma introdução às teorias do currículo*. Belo Horizonte: Autêntica.

STOBÄUS, Claus Dieter & MOSQUERA, Ivan José Mouriño (orgs.) (2003). *Educação especial*: em direção à educação inclusiva. Porto Alegre: Edipucs.

Coleção Educação Inclusiva

TOURAINE, Alam (1998). *Igualdade e diversidade*. Bauru: Edusc.

UNESCO/MEC (1998). *Educação*: um tesouro a descobrir. São Paulo/Brasília: Cortez/Unesco/MEC.

YSSELDYKE, J. (1987). *Handbook of Special Education*: Research and Practice, 1 vol. Oxford: Pergamon Press, p. 253-271.

ZABALZA, M.A. (1996b). "Fundamentación de la didáctica y del conocimiento didáctico". In: MEDINA, A. & SEVILLANO, M.L. (orgs.). *Didáctica adaptación*. Madri: Uned, p. 85-220.

Anexo

Texto do documento

O acesso de alunos com deficiência às escolas e classes comuns da rede regular

Da Procuradoria Federal dos Direitos do Cidadão
Brasília, setembro de 2004

Ministério Público Federal
Procurador-Geral da República
Cláudio Lemos Fonteles

Procuradoria Federal dos Direitos do Cidadão
Ela Wecko Volckmer de Castilho

Escola Superior do Ministério Público da União
Lindôra Maria Araújo

Fundação Procurador Pedro Jorge de Melo e Silva
Antônio Fonseca

Autoras
Eugênia Augusta Gonzaga Fávero
Luisa de Marillac P. Pantoja

Jornalista
Luzia Cristina Ventura Giffoni (MT RJ 1535)

Estagiárias de Comunicação Social
Roberta Santos
Rosilene Oliveira

Revisão
Antônio Fonseca
Cláudia Maia
Marcelo Figueiredo dos Santos
Patrícia Moreira

Ilustrações
Heitor Furtado

Diagramação
Reviravolta Comunicação Visual

Apoio
Ministério da Educação
Caixa Econômica Federal
Federação Bras. das Assoc. de Sind. de Down
Rede Globo

O acesso de alunos com deficiência às escolas e classes comuns da rede
regular / Ministério Público Federal: Fundação Procurador Pedro Jorge de
Melo e Silva (orgs.) / 2. ed. rev. e atualiz. – Brasília: Procuradoria Federal
dos Direitos do Cidadão, 2004.

I – Ministério Público Federal
II – Fundação Procurador Pedro Jorge de Melo e Silva

© 2004 PFDC
Reprodução autorizada com citação da fonte * distribuição gratuita

Apresentação

O Ministério da Educação, compromissado com a garantia do acesso e da permanência de todas as crianças na escola, tem como meta a efetivação de uma política nacional de educação inclusiva fundamentada na ideia de uma sociedade que reconhece e valoriza a diversidade.

O documento do Ministério Público *O acesso de alunos com deficiência às escolas e classes comuns da rede regular* apresenta um referencial para a construção dos sistemas educacionais inclusivos, organizados para atender o conjunto de necessidades e características de todos os cidadãos.

Este referencial contém uma análise da legislação pertinente à educação especial e orientações pedagógicas que discutem a prática dos educadores. São considerações que traduzem os paradigmas atuais e defendem o acesso universal à escolaridade básica através da transformação da escola em um ambiente de convivência respeitosa, enriquecedora e livre de qualquer discriminação.

A construção de uma sociedade inclusiva exige mudanças de ideias e práticas; portanto, o Ministério da Educação apoia a implementação de uma nova prática social que viabilize escolas inclusivas que atendam a todos, independente das suas necessidades educacionais especiais, de forma a garantir a participação de todos.

Cláudia Pereira Dutra
Secretaria de Educação Especial
Ministério da Educação

Apresentação

Este manual de educação inclusiva, editado pela Procuradoria Federal dos Direitos do Cidadão (PFDC) em parceria com a Fundação Procurador Pedro Jorge de Melo e Silva, traz a marca do compromisso do Ministério Público Federal com uma sociedade mais justa.

Se o seu conteúdo contribuir para disseminar uma cultura antidiscriminatória das pessoas com deficiência, ele já terá cumprido sua finalidade.

A inclusão é tão agregadora que seus benefícios não são somente sentidos pelas pessoas que estão excluídas, mas por toda a sociedade.

Diversidade não é peso. Diversidade é riqueza.

Maria Eliane Menezes de Farias
Subprocuradora-Geral da República

Sumário

Introdução, 123

I – ASPECTOS JURÍDICOS – de onde surge o direito à educação das pessoas com deficiência?, 125

1. O que diz a Constituição Federal?, 125

2. Existe viabilidade prática em se receber TODOS os alunos?, 126

3. Quanto ao "preferencialmente" constante da Constituição Federal, art. 208, inciso III, 126

4. A LDBEN, a educação especial e o atendimento educacional especializado, 127

5. A LDBEN e as inovações trazidas pelo Decreto 3.956/2001 (Convenção da Guatemala), 130

6. Instituições especializadas e escolas especiais podem oferecer Ensino Fundamental?, 132

7. Como devem ficar as escolas das instituições especializadas?, 133

8. Sugestões de áreas de atuação das instituições/escolas especiais, 135

9. Como cumprir a Constituição Federal e a Convenção da Guatemala?, 137

10. "Tratar igualmente os iguais e desigualmente os desiguais", 139

11. Sobre a necessária evolução interpretativa de outras normas: integração *x* inclusão, 140

12. Requisitos a serem observados para o atendimento escolar a pessoas com deficiência, 141

II – ORIENTAÇÕES PEDAGÓGICAS, 147

1. O desafio da inclusão, 147

2. Mudanças na organização pedagógica das escolas, 149

3. Como ensinar a turma toda?, 153

4. E as práticas de ensino?, 156

5. Que tipos de atividades e quais os processos pedagógicos?, 157

6. Como realizar a avaliação?, 157

7. Finalmente..., 158

8. Dúvidas mais frequentes, 160

III – RECADOS, 165

1. Aos pais ou responsáveis de crianças e adolescentes com deficiência, 165

2. Aos pais ou responsáveis de crianças e adolescentes sem deficiência ou qualquer outra necessidade especial, 166

3. Aos professores, 167

Bibliografia, 169

Anexo I, 171

Introdução

O presente trabalho é fruto de um estudo contínuo de pessoas interessadas na educação inclusiva, que culminou com a realização de oficinas de debates entre vários profissionais das áreas jurídica e pedagógica, além de atuantes em ONGs, dentre eles, os que redigiram este documento.

O objetivo é divulgar os conceitos mais atuais e adequados às diretrizes mundiais de inclusão da pessoa com deficiência na área educacional. Apesar desta publicação ter o enfoque em crianças e adolescentes com deficiência – porque são as mais vulneráveis em razão da não adaptação arquitetônica e pedagógica das escolas em geral –, o que se defende é uma educação ministrada com a preocupação de acolher a TODAS as pessoas. Ou seja, sem preconceitos de qualquer natureza e sem perpetuar as práticas tradicionais de exclusão, que vão desde as discriminações negativas até uma bem-intencionada reprovação de uma série para outra.

Sempre que o direito de acesso à escola comum da rede regular é questionado e descumprido, a principal alegação é a dificuldade das escolas para receber esses alunos, especialmente os casos em que a deficiência é mais severa. Com base nesse argumento, o grupo responsável pela elaboração deste documento decidiu abordar os seguintes itens:

a) informações referentes a aspectos jurídicos e educacionais;

b) orientações pedagógicas que demonstram não só a viabilidade de se receber na mesma sala de aula TODAS as crianças e jovens, mas o quanto qualquer escola, que adote esses princípios inclusivos, pode oferecer educação escolar com qualidade para alunos com e sem deficiências.

Coleção Educação Inclusiva

Integrantes do grupo de estudos:

Antônio Carlos Sestaro – advogado/Federação Brasileira das Associações de Síndrome de Down; Elaine C.M.F. Perez – pedagoga/ Secretaria Municipal de Educação de Sorocaba; Elaine Cristina de Sá Proença – procuradora da República/Ministério Público Federal; Eugênia Augusta Gonzaga Fávero – procuradora da República/Ministério Público Federal; Lucinha Cortez – Assistente Social/Associação Caprediem; Luisa de Marillac P. Pantoja – promotora de Justiça/Ministério Público do Distrito Federal; Maria Teresa Eglér Mantoan – doutora em Educação/professora da Faculdade de Educação (Unicamp/SP); Rosane Lowenthal – dentista/Grupo 25.

I
Aspectos jurídicos – de onde surge o direito à educação das pessoas com deficiência?

Temos o direito a sermos iguais quando a diferença nos inferioriza; temos o direito a sermos diferentes quando a igualdade nos descaracteriza.

Boaventura de Souza Santos

1. O que diz a Constituição Federal?

A nossa Constituição Federal elegeu como fundamentos da República a cidadania e a dignidade da pessoa humana (art. 1º, inc. II e III) e, como um dos seus objetivos fundamentais, a promoção do bem de todos, sem preconceitos de origem, raça, sexo, cor, idade e quaisquer outras formas de discriminação (art. 3º, inc. IV).

Garante ainda expressamente o direito à igualdade (art. 5º), e trata, nos artigos 205 e seguintes, do direito de TODOS à educação. Esse direito deve visar o "pleno desenvolvimento da pessoa, seu preparo para o exercício da cidadania e sua qualificação para o trabalho" (art. 205).

Além disso, elege como um dos princípios para o ensino a "igualdade de condições de acesso e permanência na escola" (art. 206, inc. I), acrescentando que o "dever do Estado com a educação será efetivado mediante a garantia de acesso aos níveis mais elevados do ensino, da pesquisa e da criação artística, segundo a capacidade de cada um" (art. 208, V).

Coleção Educação Inclusiva

Portanto, a Constituição garante a todos o direito à educação e ao acesso à escola. Toda escola, assim reconhecida pelos órgãos oficiais como tal, deve atender aos princípios constitucionais, não podendo excluir nenhuma pessoa em razão de sua origem, raça, sexo, cor, idade, deficiência ou ausência dela.

2. Existe viabilidade prática em se receber TODOS os alunos?

Apenas esses dispositivos legais bastariam para que ninguém negasse a qualquer pessoa com deficiência o acesso à mesma sala de aula de crianças ou adolescentes sem deficiência. Mas o argumento que vem logo em seguida é sobre a impossibilidade prática de tal situação, principalmente diante da deficiência mental.

Tal ponto será abordado no item "Orientações Pedagógicas", em que se demonstrará não só viabilidade, mas os benefícios de receber, na mesma sala de aula, a TODAS as crianças. Assim, quando nossa Constituição Federal garante a educação para todos, significa que é para todos mesmo, em um mesmo ambiente, e este pode e deve ser o mais diversificado possível, como forma de atingir o pleno desenvolvimento humano e o preparo para a cidadania (CF, art. 205).

3. Quanto ao "preferencialmente" constante da Constituição Federal, art. 208, inciso III

Este advérbio refere-se a "atendimento educacional especializado", ou seja, aquilo que é necessariamente diferente do ensino escolar para melhor atender às especificidades dos alunos com deficiência. Isso inclui, principalmente, instrumentos necessários à eliminação das barreiras que as pessoas com deficiência têm para se relacionar com o ambiente externo. Por exemplo: ensino da língua brasileira de sinais (Libras), do código Braile, uso de recursos de informática e outras ferramentas tecnológicas, além de linguagens que precisam estar disponíveis nas escolas comuns para que elas possam atender com qualidade aos alunos com e sem deficiência.

O atendimento educacional especializado deve estar disponível em todos os níveis de ensino escolar, de preferência nas escolas comuns da rede regular[1]. Este é o ambiente escolar mais adequado para se garantir o relacionamento dos alunos com seus pares de mesma idade cronológica e para a estimulação de todo tipo de interação que possa beneficiar seu desenvolvimento cognitivo, motor, afetivo.

Esse atendimento funciona em moldes similares a outros cursos que complementam os conhecimentos adquiridos nos níveis de Ensino Básico e Superior, como é o caso dos cursos de línguas, artes, informática e outros. Portanto, esse atendimento não substitui a escola comum para pessoas em idade de acesso obrigatório ao Ensino Fundamental (dos sete aos 14 anos) e será preferencialmente oferecido nas escolas comuns da rede regular. Diferente de outros cursos livres, o atendimento educacional especializado é tão importante que é garantido pela Constituição Federal.

A Constituição admite mais: que o atendimento educacional especializado seja também oferecido fora da rede regular de ensino, em outros estabelecimentos, já que, como referimos, seria um complemento e não um substitutivo da escolarização ministrada na rede regular para todos os alunos.

4. A LDBEN, a educação especial e o atendimento educacional especializado

Segundo a Lei de Diretrizes e Bases da Educação Nacional (LDBEN, art. 58 e seguintes), "o atendimento educacional especializado será feito em classes, escolas, ou serviços especializados sempre que, em função das condições específicas dos alunos, não for possível a sua integração nas classes comuns do ensino regular" (art. 59, § 2º).

---

1. O significado do termo "regular" é encontrado no Parecer CNE/CEB n. 11/00 (p. 132, das Diretrizes Curriculares Nacionais da Educação de Jovens e Adultos): "Vale lembrar que o conceito regular é polivalente e pode se prestar a ambiguidades. Regular é, em primeiro lugar, o que está *sub lege*, isto é, sob o estabelecido em uma ordem jurídica e conforme a mesma. Mas a linguagem cotidiana o expressa no sentido de caminho mais comum. Seu antônimo é irregular e pode ser compreendido como ilegal ou também como descontínuo. Mas, em termos jurídico-educacionais, regular tem como oposto o termo livre. Nesse caso, livres são os estabelecimentos que oferecem educação ou ensino fora da Lei de Diretrizes e Bases. É o caso, por exemplo, de escolas de língua estrangeira".

Coleção Educação Inclusiva

O entendimento equivocado desse aplicativo tem levado à conclusão de que é possível a substituição do ensino regular pelo especial. A interpretação a ser adotada deve considerar que tal substituição não pode ser admitida em qualquer hipótese, independentemente da idade da pessoa. Isso decorre do fato de que toda a legislação ordinária tem que estar em conformidade com a Constituição Federal. Além disso, um artigo de lei não deve ser lido isoladamente. A interpretação de um dispositivo legal precisa ser feita de forma que não haja contradições dentro da própria lei.

A interpretação errônea que admite a possibilidade de substituição do ensino regular pelo especial está em confronto com o que dispõe a própria LDBEN em seu art. 4º, inciso I[2] e em seu art. 6º[3] e com a Constituição Federal, que também determina que o acesso ao Ensino Fundamental é obrigatório (art. 208, inc. I).

A Constituição define o que é educação, não admitindo o oferecimento de Ensino Fundamental em local que não seja escola (art. 206, inc. I) e também prevê requisitos básicos que essa escola deve observar (art. 205 e seguintes)[4].

Outra situação da LDBEN que merece atenção é o fato de não se referir, nos artigos 58 e seguintes, ao atendimento educacional especializado, mas à Educação Especial. Esses termos, atendimento educacional especializado e Educação Especial, para a Constituição Federal não são sinônimos. Se nosso legislador constituinte quisesse referir-se à Educação Especial, ou seja, ao mesmo tipo de atendimento que vinha sendo prestado às pessoas com deficiência antes de 1988, teria repetido essa expressão que constava na Emenda Constitucional nº 01, de 1969, no capítulo "Do Direito à Ordem Econômica e Social".

---

2. "Art. 4º. O dever do Estado com a educação escolar pública será efetivado mediante a garantia de: I – Ensino Fundamental, obrigatório e gratuito, inclusive para os que a ele não tiveram acesso na idade própria (...)."

3. "Art. 6º. É dever dos pais ou responsáveis efetuar a matrícula dos menores, a partir dos sete anos de idade, no Ensino Fundamental."

4. Cf. adiante o item "Instituições especializadas e escolas especiais podem oferecer Ensino Fundamental?" Cf. tb. o item "Sugestões de áreas de atuação das instituições/escolas especiais".

O acesso de alunos com deficiência às escolas e classes comuns

Em nossa Constituição anterior, as pessoas com deficiência não eram contempladas nos dispositivos referentes à educação em geral. Esses alunos, independentemente do tipo de deficiência, eram considerados titulares do direito à Educação Especial, matéria tratada no âmbito da assistência. Pelo texto constitucional anterior ficava garantido "aos deficientes o acesso à Educação Especial". Isso não foi repetido na atual Constituição, fato que, com certeza, constitui um avanço significativo para a educação dessas pessoas.

Assim, para não ser inconstitucional, a LDBEN, ao usar o termo Educação Especial, deve fazê-lo permitindo uma nova interpretação, um novo conceito, baseados no que a Constituição inovou ao prever o atendimento educacional especializado e não Educação Especial em capítulo destacado da Educação.

Defendemos um novo conceito para a Educação Especial, pois esta sempre foi vista como a modalidade de ensino que podia substituir os serviços educacionais comuns, sem qualquer questionamento a respeito da idade do aluno para quem os serviços comuns estavam sendo totalmente substituídos. Por mais palatável que seja essa possibilidade, dado que muitas crianças e adolescentes apresentam diferenças bastante significativas, não podemos esquecer que esses alunos têm, como qualquer outro, direito indisponível de acesso à educação, em ambiente escolar que não seja segregado, juntamente com seus pares da mesma idade cronológica. A participação desses alunos deve ser garantida nas classes comuns para que se beneficiem desse ambiente escolar e aprendam conforme suas possibilidades.

Portanto, o direito ao atendimento educacional especializado previsto nos artigos 58, 59 e 60 da LDBEN (Lei 9394/96) e também na Constituição Federal não substitui o direito à educação (escolarização) oferecida em classe comum da rede regular de ensino.

Vale lembrar que a LDBEN utiliza as expressões "serviços de apoio especializado na escola regular" e "atendimento especializado" como sinônimos de atendimento educacional especializado e apenas diz que este pode ocorrer em classes ou escolas especiais, quando não for possível oferecê-lo em classe comum. A LDBEN não diz que a escolarização poderá ser oferecida em ambiente escolar à parte.

A tendência atual é que o trabalho da Educação Especial garanta a todos os alunos com deficiência o acesso à escolaridade, removendo

Coleção Educação Inclusiva

barreiras que impedem a frequência desses alunos às classes comuns do ensino regular. Assim sendo, a Educação Especial começa a ser entendida como modalidade que perpassa, como complemento ou suplemento, todas as etapas e níveis de ensino. Esse trabalho é constituído por um conjunto de recursos educacionais e de estratégias de apoio colocados à disposição dos alunos com deficiência, proporcionando-lhes diferentes alternativas de atendimento, de acordo com as necessidades de cada um.

O atendimento educacional especializado é uma forma de garantir que sejam reconhecidas e atendidas as particularidades de cada aluno com deficiência. São consideradas matérias do atendimento educacional especializado: língua brasileira de sinais (Libras); interpretação de Libras; ensino de língua portuguesa para surdos; Sistema Braile; orientação e mobilidade; utilização do Soroban; as ajudas técnicas, incluindo informática adaptada; mobilidade e comunicação alternativa/aumentativa; tecnologias assistivas; informática educativa; educação física adaptada; enriquecimento e aprofundamento do repertório de conhecimentos; atividades da vida autônoma e social, entre outras.

A educação inclusiva garante o cumprimento do direito constitucional indisponível de qualquer criança de acesso ao Ensino Fundamental, já que pressupõe uma organização pedagógica das escolas e práticas de ensino que atendam às diferenças entre os alunos, sem discriminações indevidas, beneficiando a todos com o convívio e crescimento na diversidade.

5. A LDBEN e as inovações trazidas pelo Decreto 3.956/2001 (Convenção da Guatemala)

Posterior à LDBEN surgiu uma nova legislação que, como toda lei nova, revoga as disposições anteriores que lhe são contrárias ou complementa eventuais omissões. Trata-se da Convenção Interamericana para a Eliminação de Todas as Formas de Discriminação contra a Pessoa Portadora de Deficiência, celebrada na Guatemala.

O Brasil é signatário desse documento, que foi aprovado pelo Congresso Nacional por meio do Decreto Legislativo 198, de 13 de junho de 2001, e promulgado pelo Decreto 3.956, de 08 de outubro de 2001, da Presidência da República.

O acesso de alunos com deficiência às escolas e classes comuns

Portanto, no Brasil, ele tem tanto valor quanto uma lei ordinária, ou até mesmo (de acordo com o entendimento de alguns juristas) como norma constitucional, já que se refere a direitos e garantias fundamentais da pessoa humana, estando acima de leis, resoluções e decretos.

Trata-se de documento que exige, agora mais do que nunca, uma reinterpretação da LDBEN. Isto porque a LDBEN, quando aplicada em desconformidade com a Constituição (como visto no item anterior), pode admitir diferenciações com base em deficiência, que implicam restrições ao direito de acesso de um aluno com deficiência ao mesmo ambiente que os demais colegas sem deficiência.

A Convenção da Guatemala deixa clara a impossibilidade de tratamento desigual com base na deficiência, definindo a discriminação como toda diferenciação, exclusão ou restrição baseada em deficiência, antecedente de deficiência, consequência de deficiência anterior ou percepção de deficiência presente ou passada que tenha o efeito ou propósito de impedir ou anular o reconhecimento, gozo ou exercício por parte das pessoas portadoras de deficiência de seus direitos humanos e suas liberdades fundamentais (art. 1º, nº 2, "a").

O direito de acesso ao Ensino Fundamental é um direito humano indisponível, por isso as pessoas com deficiência, em idade de frequentá-lo, não podem ser privadas dele. Assim, toda vez que se admite a substituição do ensino de alunos com deficiência em classes comuns do ensino regular unicamente pelo ensino especial na idade de acesso obrigatório ao Ensino Fundamental, esta conduta fere o disposto na Convenção da Guatemala.

Por ser um tratamento diferenciado em razão da deficiência, a Educação Especial tem sido um modo de tratamento desigual aos alunos. Sendo assim, esta modalidade não deve continuar desrespeitando as disposições da Convenção da Guatemala nesse sentido.

O acesso à educação, em qualquer nível, é um direito humano inquestionável. Assim, todas as pessoas com deficiência têm o direito de frequentar a educação escolar em qualquer um de seus níveis. Mas é importante destacar que o Ensino Fundamental é a única etapa considerada obrigatória pela Constituição Federal e, por isso, não pode ser jamais substituído.

A Convenção da Guatemala esclarece que não constitui discriminação a diferenciação ou preferência adotada para promover a inte-

Coleção Educação Inclusiva

gração social ou o desenvolvimento das pessoas com deficiência, desde que a diferenciação ou preferência não limite em si mesma o direito à igualdade dessas pessoas e que elas não sejam obrigadas a aceitar tal diferenciação ou preferência (art. 1º, nº 2, "b"). Assim, as diferenciações ou preferências são admitidas em algumas circunstâncias, mas a exclusão ou restrição jamais serão permitidas se o motivo for a deficiência.

Ainda que o encaminhamento a escolas e classes especiais não seja visto como uma exclusão ou restrição, mas como mera diferenciação, se em nossa Constituição consta que educação é aquela que visa o pleno desenvolvimento humano e o seu preparo para o exercício da cidadania (art. 205), qualquer dificuldade de acesso a um ambiente marcado pela diversidade, que reflita a sociedade como ela é, como forma efetiva de preparar a pessoa para a cidadania, seria uma "diferenciação ou preferência" que estaria limitando "em si mesma o direito à igualdade dessas pessoas".

Essa norma, portanto, também reforça a necessidade de dar nova interpretação à LDBEN, de modo que não seja mais permitida a substituição do ensino comum pelo especial. Vale repetir: o que está escrito na LDBEN como Educação Especial deve ser entendido como atendimento educacional especializado, nos termos da Constituição Federal, sob pena de incompatibilidade.

Quando o atendimento educacional especializado não substitutivo for prestado em salas de aula ou em ambientes segregados, este só poderá ocorrer mediante a aceitação da pessoa com deficiência ou de seu responsável, não estando ela obrigada a aceitar tal tratamento diferenciado.

A Convenção da Guatemala ainda complementa a LDBEN porque não contempla o direito de opção das pessoas com deficiência e de seus pais ou responsáveis, limitando-se a prever as situações em que se dará a Educação Especial, que, normalmente, na prática, acontece por imposição da escola ou rede de ensino.

6. Instituições especializadas e escolas especiais podem oferecer Ensino Fundamental?

A LDBEN trata no seu título V "dos níveis e das modalidades de educação e ensino". De acordo com o art. 21, a educação escolar é

O acesso de alunos com deficiência às escolas e classes comuns

composta pela Educação Básica e pelo Ensino Superior. A Educação Básica, por sua vez, é composta das seguintes etapas escolares: Educação Infantil, Ensinos Fundamental e Médio.

Após tratar das etapas da Educação Básica, a LDBEN coloca a Educação de Jovens e Adultos como a única que pode oferecer certificado de conclusão equivalente aos Ensinos Fundamental e/ou Médio. Conforme seu art. 37, esta modalidade é aquela destinada a jovens e adultos "que não tiveram acesso ou continuidade de estudos aos Ensinos Fundamental e Médio na idade própria".

A LDBEN cita as modalidades Educação Profissional e Educação Especial em capítulos destacados da Educação Básica e Superior, não podendo estas modalidades expedirem certificações equivalentes ao Ensino Fundamental, Médio ou Superior.

Portanto, está correto o entendimento de que a Educação Especial perpassa os diversos níveis de escolarização, mas ela não constitui um sistema paralelo de ensino, com seus níveis e etapas próprias. A Educação Especial é um instrumento, um complemento que deve estar sempre presente nas Educações Básica e Superior para os alunos com deficiência que dela necessitarem.

Uma instituição especializada ou escola especial é assim reconhecida justamente pelo tipo de atendimento que oferece, ou seja, atendimento educacional especializado. Sendo assim, suas escolas não podem substituir, mas complementar as escolas comuns em todos os seus níveis de ensino.

Conforme a LDBEN, em seu art. 60, as instituições especializadas são aquelas com atuação exclusiva em Educação Especial, "para fins de apoio técnico e financeiro pelo Poder Público".

7. Como devem ficar as escolas das instituições especializadas?

A instituição filantrópica que mantém uma escola especial, ainda que ofereça atendimento educacional especializado, deve providenciar imediatamente a matrícula das pessoas que atende, pelo menos daquelas em idade de sete a 14 anos, no Ensino Fundamental, em escolas comuns da rede regular. Para os jovens que ultrapassarem essa idade-limite, é importante que lhes seja garantida matrícula em escolas comuns, na modalidade de Educação de Jovens e Adultos, se não lhes for possível frequentar o Ensino Médio.

Nada impede que, em período distinto daquele em que forem matriculados no ensino comum, os alunos continuem a frequentar a instituição para serviços clínicos e/ou serviços de atendimento educacional especializado.

O sistema oficial de ensino, por meio de seus órgãos nos âmbitos federal, estadual e municipal, deve dar às escolas especiais prazo para que adotem as providências necessárias, de modo que suas escolas especiais possam atender às prescrições da Constituição Federal e à Convenção da Guatemala[5].

Essa providência deve ser adotada com urgência no que diz respeito a alunos com deficiência em idade de acesso obrigatório ao Ensino Fundamental. Os pais/responsáveis que deixam seus filhos dessa idade sem a escolaridade obrigatória podem estar sujeitos às penas do art. 246 do Código Penal, que trata do crime de abandono intelectual. É possível que os dirigentes de instituições que incentivam e não tomam providências em relação a essa situação possam incorrer nas mesmas penas (CP, art. 29). O mesmo pode ocorrer se a instituição simplesmente acolhe uma criança com deficiência recusada por uma escola comum (esta recusa também é crime, art. 8°, Lei 7.853/89) e silenciar a respeito, não denunciando a situação. Os Conselhos Tutelares e as autoridades locais devem ficar atentos para cumprir seu dever de garantir a todas as crianças e aos adolescentes o seu direito de acesso à escola comum na faixa obrigatória.

Considerando o grave fato de que a maioria das escolas comuns da rede regular dizem estar "despreparadas" para receber alunos com deficiência, a instituição especializada também deve oferecer apoio e conhecimentos/esclarecimentos aos professores das escolas comuns em que tais crianças e adolescentes estão estudando.

É importante que esses apoios e conhecimentos não se constituam no que se costuma entender e praticar como reforço escolar. A escolaridade dos alunos com deficiência compete às escolas comuns da rede regular que, para não continuarem criando situações de exclu-

---

5. Cf., a seguir, o item "Sugestões de áreas de atuação das instituições/escolas especiais".

O acesso de alunos com deficiência às escolas e classes comuns

são, dentro e fora das salas de aula, devem responder às necessidades de todos os educandos com práticas que respeitem as diferenças.

O papel da instituição é o de oferecer o que não é próprio dos currículos da base nacional comum e, como defensoras dos interesses das pessoas com deficiência, cuidar para que as escolas comuns cumpram o seu papel.

Caso sejam encontradas resistências das escolas comuns da rede regular em aceitar as matrículas, ou manter as já existentes, mesmo com o apoio das instituições especializadas, os dirigentes destas devem orientar e acompanhar os pais para denunciarem o fato aos órgãos do Ministério Público local.

8. Sugestões de áreas de atuação das instituições/escolas especiais

• Para crianças de zero a seis anos: oferecer atendimento educacional especializado, que pode envolver formas específicas de comunicação apenas quando este atendimento não ocorrer nas escolas comuns de Educação Infantil. Proporcionar, quando necessário, atendimentos clínicos que não dispensam atendimentos individualizados. De acordo com o Estatuto da Criança e do Adolescente, esses atendimentos não podem ser oferecidos de modo a impedir o acesso à Educação Infantil comum, devendo esta ser incentivada pela instituição como forma de garantir a inclusão da criança.

• Para crianças e jovens de sete a 14 anos: o atendimento educacional especializado é sempre complementar e não substitutivo da escolarização em salas de aula de ensino comum. Quando necessário, esses alunos devem ter providenciado o atendimento educacional especializado na instituição, em horário distinto daquele em que frequentam a escola comum.

• Para adultos e adolescentes maiores de 14 anos que não estiverem aptos a frequentar o Ensino Médio: além dos cursos profissionalizantes e outros oferecidos, as instituições especializadas devem incentivar as matrículas desses alunos em instituições regulares de Educação Profissional, realizar convênios com cursos profissionalizantes e/ou para Educação de Jovens e Adultos, de forma a possibilitar sua inclusão social e escolar, podendo oferecer, como comple-

Coleção Educação Inclusiva

mento, o atendimento educacional especializado que se fizer necessário a cada caso.

• Para adolescentes e adultos com idade para o trabalho: é importante facilitar a inserção efetiva dessas pessoas no mercado de trabalho por meio de capacitação e do apoio jurídico em casos que necessitarem de interdição judicial, incentivando sempre que possível a interdição parcial, para que a pessoa possa continuar exercendo atos de cidadania.

• Para garantir maior qualidade no processo de inclusão de seus alunos, a instituição especializada pode celebrar acordos de cooperação com escolas comuns do ensino regular, públicas ou privadas, de maneira que estas matriculem as crianças e adolescentes em idade de Ensinos Infantil e Fundamental atualmente atendidas nos espaços educacionais especiais, desde que esses acordos não substituam a educação escolar em todos os seus níveis.

• Caso as escolas comuns se recusem a fazer tais matrículas ou cessem as já existentes, é importante que a instituição especializada responsável pelo encaminhamento comunique o Ministério Público local, tendo em vista o crime previsto na Lei 7.853/89, art. 8º.

A chamada "inclusão ao contrário" é um artifício para que o atendimento escolar se mantenha nas instituições especializadas. Estas se propõem a abrir e/ou transformar esse atendimento já existente para alunos com deficiência e/ou com problemas de aprendizagem também para alunos sem deficiências e mesmo sem dificuldades de acompanhar/cursar as escolas comuns.

Tal solução de algumas instituições especializadas visando manter suas escolas/classes especiais é inadequada, porque a escola deve ser um ambiente que reflita a sociedade como ela é para atender o disposto no art. 205, da CF: proporcionar pleno desenvolvimento humano e preparar para a cidadania. Escolas mistas, constituídas por grande número de pessoas com a mesma deficiência e algumas outras sem deficiência lá inseridas, não atendem tal dispositivo.

Se as instituições especializadas quiserem transformar suas escolas em escolas comuns da rede regular aberta a todos os alunos, devem oferecer as etapas de educação escolar além do atendimento educacional especializado complementar. Nesse sentido, deverão retificar seu regimento escolar e sua autorização de funcionamento jun-

O acesso de alunos com deficiência às escolas e classes comuns

to às secretarias de educação. O número de alunos com deficiência a serem atendidos por essa escola não ultrapassará o percentual desse segmento na população. Nessa hipótese, a instituição deixará de ter atuação exclusiva em Educação Especial e, assim, não será mais beneficiária do apoio técnico e financeiro do Poder Público, de acordo com o disposto no art. 60 da LDBEN.

9. Como cumprir a Constituição Federal e a Convenção da Guatemala?

Para esse cumprimento, não há necessidade de alteração da LDBEN, mas de sua aplicação conforme a Constituição Federal e a Convenção da Guatemala. O que muda, basicamente, é a execução prática de seu capítulo referente à Educação Especial, principalmente após a internalização da Convenção da Guatemala.

Assim, os órgãos responsáveis pela emissão de atos normativos infralegais e administrativos relacionados à educação (Ministério da Educação, Conselhos de Educação e secretarias de todas as esferas administrativas) devem emitir diretrizes para a Educação Básica, em seus respectivos âmbitos, considerando os termos da promulgada Convenção da Guatemala no Brasil, com orientações adequadas e suficientes para que as escolas em geral recebam com qualidade a todas as crianças e adolescentes.

Essas diretrizes e atos devem observar, no mínimo, os seguintes aspectos fundamentais:

• é indispensável que os estabelecimentos de ensino eliminem suas barreiras arquitetônicas, pedagógicas e de comunicação, adotando métodos e práticas de ensino escolar adequadas às diferenças dos alunos em geral, oferecendo alternativas que contemplem a diversidade dos alunos, além de recursos de ensino e equipamentos especializados que atendam a todas as necessidades educacionais dos educandos, com e sem deficiências, mas sem discriminações;

• os critérios de avaliação e de promoção com base no aproveitamento escolar previstos na LDBEN (art. 24) não podem ser organizados de forma a descumprir os princípios constitucionais da igualdade de direito ao acesso e permanência na escola, bem como do acesso aos níveis mais elevados do ensino, da pesquisa e da criação artística,

Coleção Educação Inclusiva

segundo a capacidade de cada um. Para tanto, o acesso a todas as séries do Ensino Fundamental (obrigatório) deve ser incondicionalmente assegurado a todos e, por isso, como garantia de qualidade, as práticas escolares, em cada uma das séries, devem contemplar as diferenças existentes entre todos os seus alunos;

• o Ensino Médio, os cursos profissionalizantes, o Ensino de Jovens e Adultos ou os tradicionalmente voltados para a preparação para vestibulares devem ser organizados com o objetivo de atender a todos os alunos que concluíram o Ensino Fundamental, de acordo com o perfil e aptidão de cada um;

• os serviços de apoio especializado, como os de professores de Educação Especial, intérpretes de línguas de sinais, instrutores de Libras, professores de português (segunda língua para os surdos), professores que se encarreguem do ensino e utilização do Sistema Braile e de outros recursos especiais de ensino e de aprendizagem não caracterizam e não podem substituir as funções do professor pela sala de aula da escola comum de ensino regular;

• o encaminhamento de alunos com deficiência e outras necessidades especiais (por exemplo, intolerância ao glúten ou diabetes) a serviços educacionais especializados ou atendimento clínico especializado deve contar com a concordância expressa dos pais dos alunos;

• as escolas de Educação Infantil, creches e similares, dentro de sua atual e reconhecida função de cuidar e educar, devem estar preparadas para crianças com deficiência e outras necessidades especiais a partir de zero ano (art. 58, § 3º, LDBEN c.c. o art. 2º, inc. I, alínea "a" da Lei 7.853/89), oferecendo-lhes cuidados diários que favoreçam sua inclusão e acesso ao atendimento educacional especializado, sem prejuízo dos atendimentos clínicos individualizados que, se não forem oferecidos no mesmo ambiente, devem ser realizados em convênios para facilitação do atendimento da criança;

• não deve ser permitida a realização de exames ("vestibulinhos") com a finalidade de aprovação ou reprovação para ingresso nos Ensinos Infantil ou Fundamental, devendo, em caso de desequilíbrio entre a oferta de vagas e a procura, fazer uso de métodos objetivos e transparentes para o preenchimento das vagas existentes (sorteio, ordem

O acesso de alunos com deficiência às escolas e classes comuns

cronológica de inscrição, etc.), conforme os termos do Parecer CNE/ CEB 26/2003, do Conselho Nacional de Educação;

• todos os cursos de formação de professores, do magistério às licenciaturas, devem dar-lhes a consciência e a preparação necessárias para que recebam, em suas salas de aula, alunos com e sem necessidades educacionais especiais, dentre os quais alunos com deficiência;

• os cursos de formação de professores especializados em Educação Especial devem preparar esses profissionais de modo que possam prestar atendimento educacional especializado, em escolas comuns e em instituições especializadas, envolvendo conhecimentos como: código Braile, Libras, técnicas que facilitem o acesso da pessoa com deficiência ao ensino em geral, e outros com a mesma finalidade.

Os órgãos oficiais responsáveis pelo reconhecimento, credenciamento, autorização ou renovação de quaisquer desses atos não podem deferir os respectivos pedidos das instituições de ensino que não preencherem os aspectos fundamentais aqui apontados. Também deverão deferir prazos que as escolas interessadas procedam às adaptações necessárias para a formação de profissionais dedicados a esse atendimento específico.

10. "Tratar igualmente os iguais e desigualmente os desiguais"

De acordo com o parâmetro relacionado ao princípio da não discriminação, trazido pela Convenção da Guatemala, espera-se que os aplicadores do direito, na adoção da máxima "tratar igualmente os iguais e desigualmente os desiguais", admitam as diferenciações com base na deficiência apenas para o fim de se permitir o acesso ao seu direito e não para negá-lo. Por exemplo: se uma pessoa tetraplégica precisa de um computador para acompanhar as aulas, este instrumento deve ser garantido pelo menos para ela, se não for possível para os outros alunos. É uma diferenciação, em razão da sua deficiência, para o fim de permitir que ela continue tendo acesso à educação como todos os demais. Segundo a Convenção da Guatemala, não será discriminação se ela não estiver obrigada a aceitar essa diferenciação.

11. Sobre a necessária evolução interpretativa de outras normas: integração x inclusão

A Lei 7.853/89, o Decreto 3.298/99 e outras normas infraconstitucionais e infralegais refletem certa distorção em relação ao que se extrai da Constituição Federal e da Convenção da Guatemala. Os termos constantes destas normas, ao garantir às pessoas com deficiência o direito de acesso ao ensino regular "sempre que possível", "desde que capazes de se adaptar", refletem uma época histórica em que a integração esteve bastante forte, principalmente no Brasil. Na ótica da integração, é a pessoa com deficiência que tem de se adaptar à sociedade, e não necessariamente a sociedade é que deve criar condições para evitar a exclusão. A integração é, portanto, a contraposição do atual movimento mundial de inclusão. Neste existe um esforço bilateral, mas é principalmente a sociedade que deve impedir que a exclusão ocorra.

Em uma interpretação progressiva, adequada aos princípios e objetivos constitucionais atuais de "promoção do bem de todos, sem qualquer discriminação", entende-se que essas normas, quando falam em "sempre que possível", "desde que capazes de se adaptar", estão se referindo a pessoas com severos comprometimentos de saúde.

Essas pessoas, em estado de vida vegetativa, sem quaisquer condições de integração com o meio externo que não são sequer público das chamadas escolas especiais, necessitam de cuidados de saúde que as impedem, ao menos temporariamente, de receberem educação escolar.

Caso ocorra uma melhora dessa condição de saúde, ainda que pequena, essas pessoas por direito deverão frequentar escolas comuns da rede regular. Nesses ambientes educativos, certamente elas terão melhores oportunidades de se desenvolver no aspecto social e, quanto aos aspectos educacionais escolares, esses alunos poderão aprender o que lhes for possível.

Mesmo que não consigam aprender todos os conteúdos escolares, há que se garantir também aos alunos com severas limitações o direito à convivência na escola, entendida como espaço privilegiado da formação global das gerações. Uma pessoa, em tais condições, precisa inquestionavelmente dessa convivência.

O acesso de alunos com deficiência às escolas e classes comuns

Além disso, os conteúdos escolares que esse aluno não conseguir aprender numa escola que lhe proporcione um ambiente desafiador e que adote as práticas de ensino adequadas à heterogeneidade das salas de aula provavelmente não serão aprendidos em um ambiente segregado de ensino. Por outro lado, nada impede que esse aluno severamente prejudicado receba atendimento educacional especializado como complemento e apoio ao seu processo escolar na escola comum. Os demais alunos, sem deficiência, para conviverem com naturalidade em situações como essas, devem, se necessário, receber orientações dos professores sobre como acolher e tratar adequadamente esses colegas em suas necessidades. Certamente todos serão beneficiados tanto no aspecto humano como pedagógico com a presença desses alunos nas turmas escolares.

12. Requisitos a serem observados para o atendimento escolar a pessoas com deficiência

Quanto ao atendimento educacional especializado na Educação Infantil

Um estabelecimento de Educação Infantil que se destina a crianças desde zero ano deve dispor de profissionais orientados para lidar com bebês com deficiências e/ou problemas de desenvolvimento de todos os níveis e tipos.

Se o estabelecimento educacional não dispuser de profissionais devidamente orientados, não pode justificar com esse fato o não atendimento da criança, pois ainda assim é obrigado a atender esses alunos, devendo providenciar pessoal para tal fim.

Recomendam-se convênios com as secretarias de saúde ou entidades privadas para que o atendimento clínico a essas crianças possa ser feito no mesmo espaço da escola ou em espaço distinto.

Um estabelecimento de Educação Infantil para crianças de zero a seis anos que se empenhe em ser um espaço adequado para todas as crianças, rico em estímulos visuais, auditivos e outros, com profissionais devidamente capacitados, será um local de maior qualidade para TODAS as crianças.

Coleção Educação Inclusiva

Quanto à surdez e à deficiência auditiva

Caso exista um aluno com deficiência auditiva ou surdo matriculado numa escola de ensino regular, ainda que particular, esta deve promover as adequações necessárias e contar com os serviços de um intérprete de língua de sinais, de professor de português como segunda língua desses alunos e de outros profissionais da área de saúde (fonoaudiólogos, por exemplo), assim como pessoal voluntário ou pertencente a entidades especializadas conveniadas com as redes de ensino regular. Se for uma escola pública, é preciso solicitar material e pessoal às secretarias de educação municipais e estaduais, as quais terão de providenciá-los com urgência, ainda que por meio de convênio, parcerias, etc.

Esses custos devem ser computados no orçamento geral da instituição de ensino, pois se ela está obrigada a oferecer a estrutura adequada a todos os seus alunos, a referida estrutura deve contemplar todas as deficiências. Isto inclui as instituições de Ensino Superior, para as quais existe a Portaria MEC 3.284, de 07 de novembro de 2003, que traz esclarecimentos sobre tais obrigações e condicionam o próprio credenciamento dos cursos oferecidos ao cumprimento de seus requisitos.

Ainda para a surdez e a deficiência auditiva, a escola deve providenciar um instrutor de Libras (de preferência surdo) para os alunos que ainda não aprenderam esta língua, mas cujos pais tenham optado pelo seu uso. Obedecendo aos princípios inclusivos, a aprendizagem de Libras deve acontecer preferencialmente na sala de aula desse aluno e ser oferecida a todos os demais colegas e ao professor, para que possa haver comunicação entre todos.

Os convênios com a área da saúde são extremamente importantes para que o diagnóstico da deficiência auditiva seja feito o mais cedo possível. Assim, desde o seu atendimento em berçário, o bebê surdo ou com deficiência auditiva deve receber estímulos visuais, que são a própria introdução ao aprendizado de Libras, bem como encaminhamento a serviços de fonoaudiologia que lhe possibilitem aprender a falar.

Sugere-se viabilizar classes ou escolas de educação bilíngue (abertas a alunos surdos e ouvintes) onde as línguas de instrução sejam a língua portuguesa e a Libras. É necessário que um professor de português trabalhe em parceria com o professor da sala de aula para que o aprendizado do português escrito por esses alunos seja contextualizado. Tal aprendizado deve acontecer em um ambiente específico, constituindo uma atividade educacional especializada.

Quanto à deficiência física

Para possibilitar o acesso de pessoas com deficiência física ou mobilidade reduzida, toda escola deve eliminar suas barreiras arquitetônicas e de comunicação, tendo ou não alunos com deficiência nela matriculados no momento (Leis 7.853/89, 10.048 e 10.098/00, e CF).

Faz-se necessária ainda a adoção de recursos de comunicação alternativa/aumentativa, principalmente para alunos com paralisia cerebral e que apresentam dificuldades funcionais de fala e escrita. A comunicação alternativa/aumentativa contempla os recursos e estratégias que complementam ou trazem alternativas para a fala de difícil compreensão ou inexistente (pranchas de comunicação e vocalizadores portáteis). Prevê ainda estratégias e recursos de baixa ou alta tecnologia que promovem acesso ao conteúdo pedagógico (livros digitais, *softwares* para leitura, livros com caracteres ampliados) e facilitadores de escrita, no caso de deficiência física, com engrossadores de lápis, órteses para digitação, computadores com programas específicos e periféricos (*mouse*, teclado, acionadores especiais).

Essas adaptações representam gastos; por isso, é importante que a previsão de recursos contemple as despesas e fundos específicos para essas adequações.

Quanto à cegueira ou à deficiência visual

Em caso de deficiência visual, a escola deve providenciar para o aluno, após a sua matrícula, o material didático necessário, como regletes, Soroban, além do ensino do código Braile de noções sobre orientação e mobilidade, atividades de vida autônoma e social. Deve também conhecer e aprender a utilizar ferramentas de comunicação, que por sintetizadores de voz possibilitam aos cegos escrever e ler, via computadores. É preciso, contudo, lembrar que a utilização desses recursos não substitui o currículo e as aulas nas escolas comuns de ensino regular.

Os professores e demais colegas de turma desse aluno também poderão aprender o Braile, assim como a utilizar as demais ferramentas e recursos específicos pelos mesmos motivos apresentados no caso de alunos surdos ou com deficiência auditiva.

Em se tratando de escola pública, o próprio Ministério da Educação tem um programa que possibilita o fornecimento de livros didáticos em Braile. Além disso, em todos os estados estão instalados centros de apoio educacional especializado, que devem atender às solicitações das escolas públicas. Da mesma forma, as escolas particulares devem providenciar e arcar com os custos do material ou tentar obtê-los através de convênios com entidades especializadas e/ou rede pública de ensino.

Quanto à deficiência mental

Este parece ser o maior problema da inclusão de pessoas com deficiência nas escolas comuns. Acreditamos, contudo, que é também mais uma provocação para a transformação e melhoria do ensino escolar como um todo.

A Constituição Federal determina que deve ser garantido a todos os educandos o direito de acesso aos níveis mais elevados do ensino, da pesquisa e da criação artística, de acordo com a capacidade de cada um (art. 208, inc. V) e que o Ensino Fundamental – completo – é obrigatório. Por isso, é inegável que as práticas de ensino devem acolher as peculiaridades de cada aluno, independentemente de terem ou não deficiência. Mas não é isso o que as escolas têm feito e esta é a grande chave para que a educação escolar das pessoas com deficiência mental possa acontecer, e com sucesso, nas classes comuns de ensino regular.

As tradicionais rotulações e divisões de alunos em turmas aparentemente homogêneas não são garantias de aprendizado. Ainda que nessas turmas os conteúdos escolares pareçam ser aprendidos mais facilmente, o entendimento efetivo desses conteúdos não é o mesmo para todos os alunos.

Grande parte dos professores continua na ilusão de que seus alunos apresentarão um desempenho escolar semelhante em um mesmo tempo estipulado pela escola para se aprender um dado conteúdo es-

O acesso de alunos com deficiência às escolas e classes comuns

colar. Esquecem-se de suas diferenças e especificidades. Apesar de saberem que os alunos são pessoas distintas umas das outras, lutam para que o processo escolar os tornem iguais. Esperam e almejam em cada série, ciclo, nível de ensino que os alunos alcancem um padrão predefinido de desempenho escolar. Essa ânsia de nivelar o alunado segundo um modelo leva, invariavelmente, à exclusão escolar não apenas dos alunos com deficiência intelectual acentuada, mas também dos que possam apresentar dificuldades ou mesmo uma deficiência que os impeça de aprender, como se espera de todos.

Os alunos com deficiência mental, especialmente os casos mais severos, são os que forçam a escola a reconhecer a inadequação de suas práticas para atender às diferenças dos educandos. De fato, as práticas escolares convencionais não dão conta de atender à deficiência mental, em todas as suas manifestações, assim como não são adequadas às diferentes maneiras de os alunos, sem qualquer deficiência, abordarem e entenderem um conhecimento de acordo com suas capacidades. Essas práticas precisam ser urgentemente revistas porque, no geral, elas são marcadas pelo conservadorismo, são excludentes e, conforme visto, inviáveis para o alunado que temos hoje nas escolas, em todos os seus níveis.

Entre essas práticas está a atual forma de avaliação da aprendizagem, que é das mais antigas e ineficientes e que precisa ser mudada. Não se pode mais categorizar o desempenho escolar a partir de instrumentos e medidas arbitrariamente estabelecidos pela escola. Esse modo de avaliar tem sido a grande sustentação dos que defendem o ensino escolar dividido em especial e regular, pois é com base nessas avaliações, entre outras, que um aluno é considerado apto ou não a frequentar uma dessas modalidades de ensino, principalmente quando se trata de alunos com deficiência mental.

Sabe-se, hoje, que as deficiências não podem ser medidas e definidas por si mesmas e por intermédio, unicamente, de avaliações e de aparatos educacionais, médicos e psicológicos conhecidos. É preciso levar em conta a "situação de deficiência", ou seja, a condição que resulta da interação entre as características da pessoa e as dos ambientes em que ela está provisória ou constantemente inserida. Esse novo conceito da Organização Mundial de Saúde (OMS) reforça os princípios inclusivos de transformação dos ambientes de vida das pessoas

Coleção Educação Inclusiva

em geral, inclusive o educacional, para que possam estar adequados a atender às peculiaridades permanentes e circunstanciais dos seres humanos. Segundo esse mesmo conceito, quando se deseja conhecer os motivos do sucesso ou do fracasso na aprendizagem de conteúdos escolares, é preciso analisar igualmente o ensino pelo qual foram ministrados!

Todos os alunos deveriam ser avaliados pelos progressos que alcançaram nas diferentes áreas do conhecimento e a partir de seus talentos e potencialidades, habilidades naturais e construção de todo tipo de conhecimento escolar. Lembre-se que a LDBEN dá ampla liberdade às escolas quanto à forma de avaliação, não havendo a menor necessidade de serem mantidos os métodos atuais.

Os alunos com deficiência mental são naturalmente absorvidos em classes de ensino regular de escolas comuns que já trabalham a partir dessas novas maneiras de atuar pedagogicamente, como as que serão apresentadas a seguir, na parte deste documento dedicada às "Orientações Pedagógicas".

Finalmente, é importante ressaltar que não existem receitas prontas para atender a cada necessidade educacional de alunos com deficiência que a natureza é capaz de produzir. Existem milhares de crianças e adolescentes cujas necessidades são quase únicas no mundo todo. Assim, espera-se que a escola, ao abrir as portas para tais alunos, informe-se e oriente-se com profissionais da Educação e da Saúde sobre as especificidades e instrumentos adequados para que aquele aluno encontre ali um ambiente adequado, sem discriminações e que lhe proporcione o maior e melhor aprendizado possível.

II
Orientações pedagógicas

A educação é também quando decidimos se amamos nossas crianças o bastante para expulsá-las de nosso mundo e abandoná-las a seus próprios recursos e, tampouco, arrancar de suas mãos a oportunidade de empreender alguma coisa nova e imprevista para nós, preparando-as, em vez disso, com antecedência para a tarefa de renovar um mundo comum.
Hannah Arendt

1. O desafio da inclusão

A inclusão é um desafio que, ao ser devidamente enfrentado pela escola comum, provoca a melhora da qualidade das Educações Básica e Superior, pois para que os alunos com e sem deficiência possam exercer o direito à educação em sua plenitude, é indispensável que essa escola aprimore suas práticas, a fim de atender às diferenças. Esse aprimoramento é necessário sob pena de os alunos passarem pela experiência educacional sem tirar dela o proveito desejável, tendo comprometido um tempo que é valioso e irreversível em suas vidas: o momento do desenvolvimento.

A transformação da escola não é, portanto, uma mera exigência da inclusão escolar de pessoas com deficiência e/ou dificuldades de aprendizado. Assim sendo, ela deve ser encarada como um compromisso inadiável das escolas, que terá a inclusão como consequência.

A maioria das escolas está longe de se tornar inclusiva. O que existe em geral são escolas que desenvolvem projetos de inclusão

Coleção Educação Inclusiva

parcial, os quais não estão associados a mudanças de base nestas instituições e continuam a atender aos alunos com deficiência em espaços escolares semi ou totalmente segregados (classes especiais, escolas especiais).

As escolas que não estão atendendo alunos com deficiência em suas turmas de ensino regular se justificam, na maioria das vezes, pelo despreparo dos seus professores para esse fim. Existem também as que não acreditam nos benefícios que esses alunos poderão tirar da nova situação, especialmente os casos mais graves, pois não teriam condições de acompanhar os avanços dos demais colegas e seriam ainda mais marginalizados e discriminados do que nas classes e escolas especiais.

Em ambas as circunstâncias fica evidenciada a necessidade de se colocar em ação novas alternativas e práticas pedagógicas que favoreçam a todos os alunos, o que implica a atualização e o desenvolvimento de conceitos e metodologias educacionais compatíveis com esse grande desafio.

Mudar a escola é enfrentar uma tarefa que exige trabalho em muitas frentes. Destacaremos as transformações que consideramos primordiais para que se possa transformar a escola na direção de um ensino de qualidade e, em consequência, inclusivo.

Temos que agir urgentemente:

• colocando a aprendizagem como o eixo das escolas, porque escola foi feita para fazer com que todos os alunos aprendam;

• garantindo tempo e condições para que todos possam aprender de acordo com o perfil de cada um e reprovando a repetência;

• garantindo o atendimento educacional especializado, preferencialmente na própria escola comum da rede regular de ensino;

• abrindo espaço para que a cooperação, o diálogo, a solidariedade, a criatividade e o espírito crítico sejam exercitados nas escolas por professores, administradores, funcionários e alunos, pois são habilidades mínimas para o exercício da verdadeira cidadania;

• estimulando, formando continuamente e valorizando o professor, que é o responsável pela tarefa fundamental da escola – a aprendizagem dos alunos.

O acesso de alunos com deficiência às escolas e classes comuns

Em contextos educacionais verdadeiramente inclusivos, que preparam os alunos para a cidadania e visam o seu pleno desenvolvimento humano, como quer a Constituição Federal (art. 205), as crianças e adolescentes com deficiências não precisariam e não deveriam estar mais de fora das classes e escolas especiais.

Novas práticas de Educação Infantil e Ensino Fundamental proporcionam benefícios escolares para que todos os alunos possam alcançar os mais elevados níveis de ensino, segundo a capacidade de cada um, como nos garante a Constituição.

Há diversas opções de cursos para atender às mais diversas aptidões e o Ensino Fundamental é apenas a base dos demais níveis de escolaridade. Nesta diversidade, vamos encontrar os cursos profissionalizantes, os destinados a jovens e adultos, o Ensino Médio e o Superior.

No intuito de entender melhor o que a inclusão representa na educação escolar de todo e qualquer aluno e, especialmente, para os que têm deficiências, é preciso esclarecer o que as escolas comuns que adotam o paradigma inclusivo defendem, priorizam e no que mudaram para se ajustarem a ele.

Para melhorar as condições pelas quais o ensino é ministrado nas escolas comuns, visando universalizar o acesso, a permanência e o prosseguimento da escolaridade de seus alunos, ou seja, a inclusão incondicional de todos os alunos nas turmas escolares, não há mágicas. Mas a adoção de alternativas educacionais, que felizmente já estão fazendo parte da organização pedagógica de escolas de algumas redes de ensino brasileiras, tem revelado a possibilidade de as escolas se abrirem incondicionalmente às diferenças!

Seguem as medidas mais gerais, de natureza administrativa e pedagógica, que estão levando as escolas comuns ao caminho de um melhoramento contínuo do ensino e, portanto, à inclusão.

2. Mudanças na organização pedagógica das escolas

Uma das mais importantes mudanças visa estimular as escolas para que elaborem com autonomia e de forma participativa o seu Projeto Político-Pedagógico, diagnosticando a demanda. Ou seja, verificando quem são, quantos são os alunos, onde estão e por que alguns evadiram, se têm dificuldades de aprendizagem, de frequentar as aulas, assim como os recursos humanos, materiais e financeiros disponíveis. Tal projeto implica um estudo e um planejamento de trabalho envolvendo todos os que compõem a comunidade escolar, com objetivo de estabelecer prioridades de atuação, objetivos, metas e responsabilidades que vão definir o plano de ação das escolas, de acordo com o perfil de cada uma: as especificidades do alunado, da equipe de professores, funcionários e, num dado espaço de tempo, o ano letivo.

Sem que a escola conheça os seus alunos e os que estão à margem dela, não será possível elaborar um currículo escolar que reflita o meio social e cultural em que se insere. A integração entre as áreas do conhecimento e a concepção transversal das novas propostas de organização curricular transforma as disciplinas acadêmicas em meio social e cultural em que se insere. A integração entre as áreas do conhecimento e a concepção transversal das novas propostas de organização curricular transforma as disciplinas acadêmicas em meios e não em fins da educação escolar. As propostas curriculares reconhecem e valorizam os alunos em suas peculiaridades étnicas, de gênero, cultura; partem de suas realidades de vida, de suas experiências, de seus saberes, fazeres e vão sendo tramadas em redes de conhecimento que superam a tão decantada sistematização do saber.

Embora ainda muito incompreendida pelos professores e pais, por ser uma novidade e por ainda ser pouco difundida e aplicada nas redes de ensino, a implantação dos ciclos é uma outra solução a ser adotada quando se pretende que as escolas acolham a todos os alunos, sem discriminações. De fato, se dermos mais tempo para que os alunos aprendam, eliminando a seriação e a reprovação nas passagens de um ano para o outro, estaremos adequando a aprendizagem ao que é natural e espontâneo no processo de aprender e no desenvolvimento humano, em todos os seus aspectos.

Não se pode imaginar uma educação para todos quando constituímos grupos de alunos por séries, por níveis de desempenho escolar e determinamos para cada nível objetivos e tarefas adaptadas. E, mais ainda, quando encaminhamos os que não "cabem" em nenhuma dessas determinações para classes e escolas especiais, argumentando que o ensino para todos não sofreria distorções de sentido em casos como esses!

Essa compreensão equivocada da escola inclusiva acaba instalando cada criança em um *locus* escolar arbitrariamente escolhido e acentua mais as desigualdades, justificando o fracasso escolar como problema exclusivamente devido ao aluno.

Embora uma nova maneira de formar as turmas escolares não baste para promover a inclusão, a organização das turmas escolares por ciclos é ideal para que se possa entender o funcionamento ativo dos alunos frente a situações-problema: cada um faz seu caminho diante de diferentes tipos de desafios escolares. As séries escolares são uma reminiscência do ensino escolar baseado na falsa ideia de que as turmas organizadas por séries são homogêneas. É, sem dúvida, a heterogeneidade que dinamiza os grupos, dando-lhes vigor, funcionalidade e garantindo o sucesso escolar. Precisamos nos conscientizar de que as turmas escolares são e sempre serão desiguais, queiramos ou não.

A aprendizagem como o centro das atividades escolares e o sucesso dos alunos como a meta da escola – independentemente do nível de desempenho a que cada um seja capaz de chegar – são condições básicas para se caminhar na direção de escolas acolhedoras. O sentido desse acolhimento não é a aceitação passiva das possibilidades de cada aluno, mas o de sermos receptivos aos níveis diferentes de desenvolvimento das crianças e dos jovens. Afinal, as escolas existem para formar as novas gerações e não apenas alguns de seus futuros membros, os mais privilegiados.

A inclusão não implica o desenvolvimento de um ensino individualizado para os alunos que apresentam déficits intelectuais, problemas de aprendizagem e outros relacionados ao desempenho escolar. Na visão inclusiva, não se segregam os atendimentos escolares, seja dentro ou fora das salas de aula e, portanto, nenhum aluno é encaminhado a salas de reforço ou aprende a partir de currículos adaptados. É uma ilusão pensar que o professor consegue predeterminar a extensão e a profundidade dos conteúdos a serem construídos pelos alunos, assim como facilitar as atividades para alguns porque, de antemão, já prevê a dificuldade que possam encontrar para realizá-las. Na verdade, é o aluno que se adapta ao novo conhecimento e só ele é capaz de regular o seu processo de construção intelectual.

Em síntese, cabe ao educando individualizar a sua aprendizagem e isso ocorre quando o ambiente escolar e as atividades e inter-

Coleção Educação Inclusiva

venções do professor o liberam, o emancipam, dando-lhe espaço para pensar, decidir e realizar suas tarefas, segundo seus interesses e possibilidades. Já o ensino individualizado, adaptado pelo professor, rompe com essa lógica emancipadora e implica escolhas e intervenções do professor, que passa a controlar de fora o processo de aprendizagem.

Desejamos que as intervenções do professor sejam direcionadas para desequilibrar, apresentar desafios e apoiar o aluno nas suas descobertas, sem lhe retirar a condução do seu próprio processo educativo.

A inclusão não prevê a utilização de práticas de ensino escolar específicas para esta ou aquela deficiência, mas sim recursos e ferramentas que podem auxiliar os processos de ensino e de aprendizagem. Os alunos aprendem até o limite em que conseguem chegar se o ensino for de qualidade, isto é, se o professor considerar as possibilidades de desenvolvimento de cada aluno e explorar sua capacidade de aprender. Isso pode ocorrer por meio de atividades abertas, nas quais cada aluno se envolve na medida de seus interesses e necessidades, seja para construir uma ideia, resolver um problema ou realizar uma tarefa. Esse é um grande desafio a ser enfrentado pelas escolas regulares tradicionais, cujo modelo é baseado na transmissão dos documentos.

O trabalho coletivo e diversificado nas turmas é compatível com a vocação da escola de formar as novas gerações. É nos bancos escolares que aprendemos a viver entre os nossos pares, a dividir as responsabilidades e a repartir as tarefas. O exercício dessas ações desenvolve a cooperação, o sentido de se trabalhar e produzir em grupo, o reconhecimento da diversidade dos talentos humanos e a valorização do trabalho de cada pessoa para a obtenção de metas comuns de um mesmo grupo.

Os tutores têm sido uma solução muito bem-vinda a todos, despertando nos alunos o hábito de compartilhar o saber. O apoio ao colega com dificuldade é uma atitude extremamente útil e humana que tem sido pouco desenvolvida nas escolas.

Os modos de avaliar a aprendizagem são outro entrave à implementação da inclusão. Por isso, é urgente substituir o caráter classificatório da avaliação escolar, por meio de notas e provas, por um processo que deverá ser contínuo e qualitativo, visando depurar o ensino e torná-lo cada vez mais adequado e eficiente à aprendizagem de todos os

O acesso de alunos com deficiência às escolas e classes comuns

alunos. Essa medida já diminuiria substancialmente o número de crianças e adolescentes que são indevidamente avaliados, encaminhados e categorizados como deficientes nas escolas regulares. Esse tópico será tratado neste documento, com mais detalhes, posteriormente.

Além das sugestões referentes ao ensino nas escolas comuns do ensino regular, uma educação de qualidade para todos implica mudanças relativas à administração e aos papéis desempenhados pelos membros da organização escolar. Nesse sentido, é primordial que seja revista a gestão escolar e essa revisão implica:

a) que os papéis desempenhados pelos diretores e coordenadores mudem e que o teor controlador, fiscalizador e burocrático dessas funções seja substituído pelo trabalho de apoio e de orientação ao professor e a toda comunidade escolar;

b) que a gestão administrativa seja descentralizada, promovendo uma maior autonomia pedagógica, administrativa e financeira dos recursos materiais e humanos das escolas por meio dos conselhos, colegiados, assembleias de pais e de alunos.

Com essas mudanças na administração escolar, o aspecto pedagógico das funções do diretor, dos coordenadores e dos supervisores emerge. Deixam de existir os motivos pelos quais esses profissionais ficam confinados aos gabinetes, às questões burocráticas, sem tempo para conhecer e participar do que acontece no dia a dia das salas de aula.

3. Como ensinar a turma toda?

Que práticas de ensino ajudam os professores a ensinar os alunos de uma mesma turma, atingindo a todos, apesar de suas diferenças? Ou, como criar contextos educacionais capazes de ensinar todos os alunos?

Ensino disciplinar ou ensino não disciplinar?

Escolas abertas às diferenças e capazes de ensinar a turma toda demandam uma re-significação e uma reorganização completa dos processos de ensino e de aprendizagem usuais, pois não se pode encaixar um projeto novo em uma velha matriz de concepção do ensino escolar.

Para melhorar a qualidade do ensino e conseguir trabalhar com as diferenças existentes nas salas de aula, é preciso enfrentar os desafios da inclusão escolar, sem fugir das causas do fracasso e da exclusão. Além disso, é necessário desconsiderar as soluções paliativas sugeridas para esse fim.

As medidas normalmente indicadas para combater a exclusão não promovem mudanças. Ao contrário, visam mais neutralizar os desequilíbrios criados pela heterogeneidade das turmas do que potencializá-los, até que se tornem insustentáveis, forçando, de fato, as escolas a buscar novos caminhos educacionais que atendam à pluralidade dos alunos.

Enquanto os professores da Educação Básica persistirem em:

• propor trabalhos coletivos, que nada mais são do que atividades individuais realizadas ao mesmo tempo pela turma;

• ensinar com ênfase nos conteúdos programáticos da série;

• adotar o livro didático como ferramenta exclusiva de orientação dos programas de ensino;

• servir-se da folha mimeografada ou xerocada para que todos os alunos as preencham ao mesmo tempo, respondendo às mesmas perguntas com as mesmas respostas;

• propor projetos de trabalho totalmente desvinculados das experiências e do interesse dos alunos, que só servem para demonstrar a pseudoadesão do professor às inovações;

• organizar de modo fragmentado o emprego do tempo do dia letivo para apresentar o conteúdo estanque desta ou daquela disciplina e outros expedientes de rotina das salas de aula;

• considerar a prova final como decisiva na avaliação do rendimento escolar do aluno.

Não teremos condições de ensinar a turma toda, reconhecendo as diferenças na escola.

As práticas listadas configuram o velho e conhecido ensino para alguns alunos, e para alguns alunos em alguns momentos, em algumas disciplinas, atividades e situações de sala de aula.

Dessa forma, a exclusão se alastra e se perpetua, atingindo a todos os alunos, não apenas os que apresentam uma dificuldade maior de aprender ou uma deficiência específica. Porque em cada sala de aula

O acesso de alunos com deficiência às escolas e classes comuns

sempre existem alunos que rejeitam propostas de trabalho escolar descontextualizadas, sem sentido e atrativos intelectuais. Há os que sempre protestam, a seu modo, contra um ensino que não os desafia e não atende às suas motivações e interesses pessoais.

O ensino para alguns é ideal para gerar indisciplina, competição, discriminação, preconceitos e para categorizar os "bons" e os "maus" alunos por critérios que são, no geral, infundados. Já o ensino para todos desafia o sistema educacional, a comunidade escolar e toda uma rede de pessoas que se incluem num movimento vivo e dinâmico de fazer uma educação que assume o tempo presente como uma oportunidade de mudança do "alguns" em "todos", da "discriminação e preconceito" em "reconhecimento e respeito às diferenças". É um ensino que coloca o aluno como foco de toda a ação educativa e possibilita a todos os envolvidos a descoberta contínua de si e do outro, enchendo de significado o saber/sabor de educar.

Ainda hoje vigora a visão conservadora de que as escolas de qualidade são as que enchem as cabeças dos alunos com datas, fórmulas, conceitos justapostos, fragmentados. A qualidade desse ensino resulta da superioridade e da supervalorização do conteúdo acadêmico em todos os seus níveis. Sem dúvida, o conteúdo curricular é importante, mas não é o único aspecto que se deve esperar de uma educação de qualidade, principalmente quando estamos falando de etapas iniciais da Educação Básica: a Educação Infantil e o Ensino Fundamental.

Persiste a ideia de que as escolas consideradas de qualidade são as que centram a aprendizagem nos conteúdos programáticos das disciplinas curriculares, exclusivamente, enfatizando o aspecto cognitivo do desenvolvimento e que avaliam os alunos quantificando respostas-padrão. Suas práticas preconizam a exposição oral, a repetição, a memorização, os treinamentos, o livresco, a negação do valor do erro. São aquelas escolas que estão sempre preparando o aluno para o futuro: seja este a próxima série a ser cursada, o nível de escolaridade posterior ou o vestibular!

Ao contrário, uma escola se distingue por um ensino de qualidade – capaz de formar pessoas nos padrões requeridos por uma sociedade mais evoluída e humanitária – quando consegue aproximar os alunos entre si, tratar os conteúdos acadêmicos como meios de conhecer melhor o mundo e as pessoas que nos rodeiam e ter como parcerias as famílias e a comunidade na elaboração e no cumprimento do projeto escolar.

A proposta pedagógica inclusiva norteia-se pela base nacional comum (LDBEN) e referenda a educação não disciplinar (GALLO, 1999), cujo ensino se caracteriza por:

• formação de redes de conhecimento e de significações em contraposição a currículos apenas conteudistas, a verdades prontas e acabadas, listadas em programas escolares seriados;

• integração de saberes decorrente da transversalidade curricular e que se contrapõe ao consumo passivo de informações e de conhecimentos sem sentido;

• descoberta, inventividade e autonomia do sujeito na conquista do conhecimento;

• ambientes polissêmicos, favorecidos por temas de estudo que partem da realidade, da identidade social e cultural dos alunos, contra todo o privilégio no primado do enunciado desvinculado da prática social e contra a ênfase no conhecimento pelo conhecimento.

No ensino para todos e de qualidade, as ações educativas se pautam por solidariedade, colaboração, compartilhamento do processo educativo com todos os que estão direta ou indiretamente nele envolvidos.

4. E as práticas de ensino?

Nas "práticas não disciplinares" de ensino predominam a experimentação, a criação, a descoberta, a coautoria do conhecimento. Vale o que os alunos são capazes de aprender hoje e o que podemos lhes oferecer de melhor para que se desenvolvam em um ambiente rico e verdadeiramente estimulador de suas potencialidades. As escolas devem ser espaços educativos de construção de personalidades humanas autônomas, críticas, nos quais as crianças aprendem a ser pessoas. Nelas os alunos são ensinados a valorizar as diferenças pela convivência com seus pares, pelo exemplo dos professores, pelo ensino ministrado nas salas de aula, pelo clima socioafetivo das relações estabelecidas em toda a comunidade escolar.

Escolas assim concebidas não excluem nenhum aluno de suas salas de aula, de seus programas, das atividades e do convívio escolar mais

O acesso de alunos com deficiência às escolas e classes comuns

amplo. São contextos educacionais em que todos os alunos têm possibilidade de aprender, frequentando a mesma turma.

5. Que tipos de atividades e quais os processos pedagógicos?

Para ensinar a turma toda, deve-se propor atividades abertas e diversificadas, isto é, que possam ser abordadas por diferentes níveis de compreensão, de conhecimento e de desempenho dos alunos e em que não se destaquem os que sabem mais ou que sabem menos. As atividades são exploradas segundo as possibilidades e interesses dos alunos que livremente as desenvolvem.

Debates, pesquisas, registros escritos, falados, observação, vivências são alguns processos pedagógicos indicados para a realização de atividades dessa natureza. Por meio destes e de outros processos, os conteúdos das disciplinas vão sendo chamados, espontaneamente, a esclarecer os assuntos em estudo. Esses assuntos são centrais e constituem os fins a que se pretende alcançar em planejamentos escolares não disciplinares. As disciplinas nos apoiam para elucidar os temas em estudo e são importantes nesse sentido.

6. Como realizar a avaliação?

A avaliação do desenvolvimento dos alunos também muda para ser coerente com as demais inovações propostas. O processo ideal é o que acompanha o percurso de cada estudante, do ponto de vista da evolução de suas competências, habilidades e conhecimentos. A meta é mobilizar e aplicar conteúdos acadêmicos e outros meios que possam ser úteis para se chegar a realizar tarefas e alcançar os resultados pretendidos pelo aluno. Apreciam-se os seus progressos na organização dos estudos, no tratamento das informações e na participação na vida social. Desse modo, muda-se o caráter da avaliação que, usualmente, pratica-se nas escolas e que tem fins meramente classificatórios. Temos interesse em levantar dados para a compreensão do processo de aprendizagem e aperfeiçoamento da prática pedagógica.

Para alcançar sua nova finalidade, a avaliação terá, necessariamente, de ser dinâmica, contínua, mapeando o processo de aprendizagem dos alunos em seus avanços, retrocessos, dificuldades e progressos.

Coleção Educação Inclusiva

Vários são os instrumentos que podem ser utilizados para avaliar, de modo dinâmico, os caminhos da aprendizagem, como: os registros e anotações diárias do professor, os chamados *portfólios* e demais arquivos de atividades dos alunos e os diários de classe, em que vão sendo colecionadas as impressões sobre o cotidiano do ensino e da aprendizagem. As provas também constituem opções de avaliação desejáveis, desde que haja o objetivo de analisar, junto aos alunos e aos seus pais, os sucessos e as dificuldades escolares.

É importante também que os alunos se autoavaliem e, nesse sentido, o professor precisa criar instrumentos que os exercitem/auxiliem a adquirir o hábito de refletir sobre as ações que realizam na escola e como estão vivenciando a experiência de aprender.

Esta é, sem dúvida, uma lacuna que a escola precisa preencher, pois temos dificuldade de analisar e de julgar a nossa produção intelectual, até mesmo nos níveis mais avançados de ensino. Dependemos muito da avaliação do professor sobre os nossos trabalhos e não a contrapomos com a nossa. A autoavaliação leva o aluno a perceber o que conseguiu acrescentar ao que já sabia e conhecer as suas dificuldades no sentido de assimilar novos dados e o que é preciso superar para ultrapassá-las.

7. Finalmente...

Para ensinar a turma toda parte-se da certeza de que as crianças sempre sabem alguma coisa, de que todo educando pode aprender, mas no tempo e do jeito que lhe são próprios. É fundamental que o professor nutra uma elevada explicativa pelo aluno. O sucesso da aprendizagem está em explorar talentos, atualizar possibilidades, desenvolver predisposições naturais de cada aluno. As dificuldades, deficiências e limitações precisam ser reconhecidas, mas não devem conduzir ou restringir o processo de ensino, como habitualmente acontece.

Independentemente das diferenças de cada um dos alunos, temos de passar de um ensino transmissivo para uma pedagogia ativa, dialógica e interativa, que se contrapõe a toda e qualquer visão unidirecional de transferência unitária, individualizada e hierárquica do saber.

O professor deixa de ser um "palestrante", papel que é tradicionalmente identificado com a lógica de distribuição do ensino. Esta

O acesso de alunos com deficiência às escolas e classes comuns

lógica supõe que os alunos ouçam diariamente um discurso, nem sempre dos mais atraentes, em um palco distante, que separa o orador do público.

Para ensinar a turma toda, o professor não utiliza o falar, o copiar e o ditar como recursos didáticos pedagógicos básicos. Ele partilha com seus alunos a construção/autoria dos conhecimentos produzidos em uma sala, restringindo o uso do ensino expositivo. Em sua sala de aula os alunos passam a interagir e a construir ativamente conceitos, valores e atitudes.

Esse professor arranja e explora os espaços educacionais com seus alunos, buscando perceber o que cada um deles consegue apreender do que está sendo estudado e como procedem ao avançar nessa exploração.

Certamente um professor que engendra e participa da caminhada do saber com seus alunos, como nos ensinou Paulo Freire (1978), consegue entender melhor as dificuldades e possibilidades de cada um e provocar a construção do conhecimento com maior adequação.

Um dos pontos cruciais do ensinar a turma toda é a consideração da identidade sociocultural dos alunos e a valorização da capacidade de entendimento que cada um deles têm do mundo e de si mesmos. Nesse sentido, ensinar a todos reafirma a necessidade de se promover situações de aprendizagem que formem uma trama multicor de conhecimentos, cujos fios expressam diferentes possibilidades de interpretação e de entendimento de um grupo de pessoas que atua cooperativamente.

Os diferentes sentidos que os alunos atribuem a um objeto de estudo e às suas representações vão se expandindo e se relacionando e revelando, pouco a pouco, uma construção original de ideias que integra as contribuições de cada um, sempre bem-vindas, válidas e relevantes.

As diferenças entre grupos étnicos, religiosos, de gênero, etc. ensejam um modo de interação entre eles, que destaca as peculiaridades de cada um gerando, naturalmente, embates necessários à construção da identidade dos alunos.

O professor, nesse contexto, não procurará eliminar as diferenças em favor de uma suposta igualdade do alunado. Antes, estará atento à singularidade das vozes que compõem a turma, promovendo a expo-

Coleção Educação Inclusiva

sição das ideias e contrapondo-as todo tempo, provocando posições críticas e enfrentamentos próprios de um ensino democrático.

Sem estabelecer uma referência, sem buscar o consenso, mas investindo nas diferenças e na riqueza de um ambiente que confronta significados, desejos e experiências, o professor garante a liberdade e a diversidade das opiniões dos alunos. Ele deverá propiciar oportunidades para o aluno aprender a partir do que sabe e chegar até onde foi capaz de progredir.

Aprendemos quando resolvemos nossas dúvidas, superamos nossas incertezas e satisfazemos nossa curiosidade.

8. Dúvidas mais frequentes

As respostas são a má sorte das perguntas.
Maurice Blanchot

São válidas as retenções entre um ciclo e outro, ou entre uma série e outra, para quem não alcançou notas mínimas?

O simples fato de existir avaliações, em que uma nota mínima é exigida para a promoção, já reflete que a escola continua adotando padrões conservadores de avaliação. Isto porque a nota mínima representa a interação que alguma padronização é necessária naquela escola e um rendimento mínimo é esperado de todos os alunos. Nesse momento, começam as exclusões e não apenas de crianças com deficiência. Assim, as avaliações com o fim de reter o aluno devem ser repensadas pelos sistemas de ensino porque elas deveriam refletir as habilidades alcançadas para o aluno seguir em frente, e não o contrário.

Para seguir em frente, o aluno precisa encontrar sempre práticas de ensino adequadas à diversidade. Por outro lado, ainda que não se altere o sistema de avaliação, é indispensável que mude o olhar do professor ao corrigir as provas, levando sempre em conta as peculiaridades de cada criança que compõe a sua turma. Finalmente, é importante lembrar que, quando falamos nesse acesso incondicional a todas as séries, estamos nos referindo ao Ensino Fundamental.

O acesso de alunos com deficiência às escolas e classes comuns

Mas não é importante que um mínimo de aprendizado seja exigido para se passar adiante?

É necessário que se espere o máximo de aprendizado dos conteúdos curriculares ministrados, mas com respeito às limitações naturais de todos os alunos. A forma tradicional de se fazer avaliações não leva em conta esses limites e faz com que a criança fique retida porque não aprendeu certos conteúdos, o que é injustificado e inconstitucional no Ensino Fundamental. A experiência demonstra que não é a repetência que vai fazer com que o aluno aprenda, mas sim o estímulo contínuo e a valorização de suas potencialidades. Cada série/ciclo é uma nova oportunidade de aprendizado e deve oferecer os conteúdos de forma rica e plural, para que todos os alunos se identifiquem e aprendam a seu modo.

Em algumas escolas a não repetência tem sido um desastre. É isso o que a educação inclusiva defende?

Acreditamos que o insucesso em algumas escolas locais deve-se ao seguinte fato: a não repetência é um dos fatores que fazem com que exista uma diversidade intelectual muito grande na sala de aula, que passa a ser homogênea. O problema é que muitos professores continuam dando aula como se a turma fosse homogênea, como se os alunos ainda fossem "peneirados" antes e com isso excluídos ("vestibulinhos", repetências, evasões, etc.). Felizmente, essas situações não podem ocorrer mais.

Para que a diversidade seja bem atendida e para que a não repetência dê bons resultados em todas as séries/ciclos, é imprescindível que haja uma natural revisão e interligação de conteúdos de modo que os alunos tenham o tempo todo acesso aos diversos componentes curriculares. Assim, não faz diferença se alguma criança não aprendeu, por exemplo, "divisão com resto" no segundo ano, porque nos próximos anos ela vai continuar tendo a oportunidade de aprender esse conteúdo e outros mais.

A educação inclusiva preconiza um ensino em que aprender é um ato não linear, contínuo, fruto de uma rede de relações que vai sendo tecida pelos aprendizes, em ambientes escolares que não discriminam, não rotulam e oferecem chances incríveis de sucesso para todos, dentro das habilidades, interesses e possibilidades de cada aluno.

Coleção Educação Inclusiva

A escola prejudica os alunos sem deficiência ao proporcionar tantas chances de aprendizado durante o Ensino Fundamental?

Um ensino que contempla e acolhe todos os alunos não poderá ser prejudicial a ninguém. Uma escola em que todos os alunos são bem-vindos tem como compromisso educativo ensinar não apenas os conteúdos curriculares, mas formar pessoas capazes de conviver em um mundo plural e que exige de todos nós experiências de vida compartilhada, envolvendo necessariamente o contato, o reconhecimento e a valorização das diferenças. Este conhecimento potencializa a educação escolar em seus objetivos e práticas e, assim, também é mais um meio de aprimoramento do ensino para todos os alunos.

Por outro lado, é bom lembrar que não são os alunos com deficiência que prejudicam o bom andamento do Ensino Fundamental e dos demais níveis. Ao contrário, a presença deles enseja mudanças substanciais nas práticas escolares, pois de nada adianta transmitir conteúdos sem significado, descontextualizados da experiência de vida do aluno e que rapidamente serão esquecidos. O Ensino Fundamental é essencial no caminho que os alunos vão trilhar para chegar a um Ensino Médio bem-sucedido, ao ensino profissionalizante e à Educação Superior.

Crianças com graves comprometimentos podem ser incluídas?

Um aluno com grandes limitações provavelmente não vai aprender tudo o que outros colegas poderão assimilar durante o processo educativo escolar, mas ele vai se beneficiar da convivência social e pode se beneficiar também, a seu modo e segundo suas possibilidades intelectuais, dos conteúdos curriculares trabalhados na sua sala de aula.

Casos extremamente graves de alunos em situações próximas a da vida vegetativa não são público nem das atuais escolas chamadas de especiais. Na maioria das vezes, estão recebendo tratamentos relacionados à área da saúde. Mas se, em algum momento, esses alunos puderem frequentar um ambiente escolar, este deve ser o da escola comum do ensino regular, onde conviverão com pessoas da sua idade e serão estimulados a aprender aquilo que lhes for possível.

O acesso de alunos com deficiência às escolas e classes comuns

As experiências práticas de inclusão têm sido bem-sucedidas?

Nos locais em que houve de fato uma mudança no modo de se organizar pedagogicamente o processo escolar para todos os alunos, a inclusão foi, é e será bem-sucedida. Onde não houve mudança, mas apenas o acesso de alunos com deficiências e/ou dificuldades de aprender, a inclusão não acontece.

Trata-se de se adotar novas medidas para atender às diferenças de todos. Medidas essas que não sejam excludentes, tais como as provas e outras avaliações de caráter classificatório, o ensino disciplinar, a fragmentação dos tempos escolares em séries, entre outras muito conhecidas e praticadas ainda em nossas escolas! Não há como acolher todos os alunos em escolas que selecionam, reprovam, marginalizam o ensino de alguns alunos em classes e programas à parte dos demais colegas.

Destacamos também que o sucesso da inclusão tem a ver com a inversão de uma ideia e de práticas de ensino que são usuais para se atender às diferenças em uma turma de alunos. Trata-se do ensino individualizado. Esta prática também passou a ser um dos motivos pelos quais:

a) criticam-se as salas de aula mais numerosas quando nelas existem alunos com deficiência;

b) valorizam-se as escolas com turmas de poucos alunos em todos os níveis de ensino.

Não é possível individualizar o ensino para quem quer que seja, na medida em que não podemos controlar de fora o processo de compreensão de outra pessoa. O que é individual e intransferível é a aprendizagem, que é própria do aprendiz, não é ditada nem comandada, definida ou adaptada por ninguém de fora, a não ser pelo sujeito do conhecimento, no caso, o aluno. Ao professor cabe ensinar, ou seja, disponibilizar o conhecimento de forma aberta, ampla e flexível, de modo que o aluno o assimile livremente, de maneira original, regulado por seus interesses e possibilidades de adaptação e jamais mantido pelo que o professor defina, em função de uma falsa concepção de que ele sabe o que falta, o que é possível ao aluno captar de um assunto, de uma atividade, de uma situação de ensino qualquer de fora.

Em síntese, aprender é tarefa do aluno, independentemente do nível de conhecimento a que ele for capaz de ter acesso. Ensinar é

Coleção Educação Inclusiva

tarefa do professor, que deve disponibilizar o conhecimento, desafiar o aluno no processo de reconstrução dos saberes e apoiá-lo em suas dificuldades e em todo o momento em que se fizer necessária a sua intervenção.

III
Recados

1. Aos pais ou responsáveis de crianças e adolescentes com deficiência

A proposta educacional inclusiva é aquela que vê os alunos com deficiência como titular dos mesmos direitos que os demais. O atendimento educacional e os apoios especiais são instrumentos, às vezes necessários, para que eles tenham acesso a uma educação de qualidade e sem discriminações, mas não podem impedi-los de frequentar o mesmo ambiente que qualquer outro educando.

Em outras palavras, a proposta inclusiva é a que permite ao seu filho com deficiência frequentar a escola que você escolher, mais próxima de sua casa, em companhia dos irmãos e vizinhos. É o mínimo que se espera para qualquer criança, é o mínimo que o seu filho deve ter assegurado.

As dificuldades em se encontrar um ambiente escolar efetivamente preparado, as constantes recusas e eventuais preconceitos que ainda se fazem presentes são realmente grandes, mas não podem fazê-lo desanimar no cumprimento do seu dever de garantir ao seu filho o direito de acesso à educação.

Se os instrumentos de persuasão com a escola não forem suficientes, procure outra que o acolha bem, não deixe de denunciar essa recusa às autoridades (Conselho Tutelar e Ministério Público Estadual). Afinal, pela nossa legislação é crime recusar a matrícula e é também crime fazer cessar a matrícula já existente (Lei 7.853/89). Ainda que os termos da recusa não fiquem suficientemente claros para uma denúncia na área criminal, lembre-se de que as ações judiciais pleiteando danos morais são um instrumento importante.

Coleção Educação Inclusiva

O seu filho com deficiência tem tanto direito de acesso à escola comum como qualquer outra criança sem deficiência. Esse direito, em nível de Ensino Fundamental, principalmente, é indisponível. Ou seja, ninguém pode abrir mão, sem ele nem você por ele. É um direito humano fundamental e seu filho não pode ser tolhido disso.

Se ele possui deficiência mental, espere dele o máximo possível e dê a ele toda a chance de conviver com pessoas da sua geração, com e sem deficiência, e de aprender o máximo que puder tendo acesso a uma escola comum de ensino regular.

Se ele não chegar a aprender exatamente tudo o que os demais alunos costumam aprender (o que é provável, pois do contrário não haveria déficit intelectual algum), ainda assim ele tem o direito de ser avaliado por aquilo que conseguiu desenvolver e de chegar ao término do Ensino Fundamental, que é básico e obrigatório. A partir daí ele poderá, além dos cursos tradicionais, optar por cursos profissionalizantes, cursos para jovens e adultos que ainda retomem conteúdos de alfabetização, se necessário.

O importante é que a família esteja sempre pronta a garantir-lhe o acesso à escola, ciente de suas responsabilidades nesse papel. Deixar de mandar uma criança à escola pode significar solução imediata mas, a longo prazo, as consequências podem ser danosas. Tenha coragem e faça a sua parte, para que esse processo de transição entre escolas que excluem e escolas que incluem seja o menos longo possível.

2. Aos pais ou responsáveis de crianças e adolescentes sem deficiência ou qualquer outra necessidade especial

A proposta educacional inclusiva é aquela que considera TODAS as crianças e TODOS os adolescentes como titulares do direito à educação, sem discriminações.

Ao contrário do que ainda alguns pensam, o fato de educandos com e sem deficiência passarem a frequentar a mesma turma escolar em nada prejudica a qualidade do ensino. As alterações necessárias nas práticas de avaliação e de ensino vão gerar uma escola de melhor qualidade do que a atual.

O acesso de alunos com deficiência às escolas e classes comuns

Vale a pena destacar que crianças com deficiência mental aprendem com mais dificuldade os conteúdos escolares, de acordo com os limites de seu raciocínio abstrato, podendo, no entanto, assimilar conhecimentos mais complexos quando eles se apresentam a partir de situações e de objetos concretos. Os alunos sem deficiência mental aprendem mais rapidamente esses conteúdos, pois têm menos limites em seu raciocínio abstrato, mas também têm algumas possibilidades intelectuais limitadas e, sem as situações e exemplos concretos, acabam esquecendo rapidamente o que aprenderam.

Quando o ensino não é compatível com a capacidade que qualquer aluno tem de entender o conteúdo escolar, este perde o sentido e é esquecido rapidamente. Muitos de nós não nos esquecemos dos nomes: tangente, coseno, dígrafos, onomatopeias, etc., mas dificilmente nos lembramos para que servem e como são calculados. Se tivéssemos contado com casos concretos para a compreensão dos temas, o esquecimento não teria vindo tão facilmente.

Uma escola que reconhece e valoriza as diferenças presentes em suas salas de aula trabalha com os conteúdos curriculares de modo que possam ser aprendidos de acordo com a capacidade de cada um. Isso não significa que os professores têm de ensinar individualmente ou adaptar currículos para este ou aquele aluno; afinal, a escola não ensina um por um, mas coletivamente. O aluno com deficiência mental e/ou dificuldades de aprendizagem aprende quando o professor acata o modo pelo qual ele aborda e responde às atividades que lhe são propostas. O aluno sem deficiência mental, por sua vez, não só vai continuar aprendendo aquilo que aprenderia, mas vai ter melhores ocasiões de apreender, ou seja, de reter aquilo que lhe foi ensinado, ainda mais se puder trabalhar em grupo e compartilhar o aprendizado ensinando os seus colegas de turma.

Uma escola assim pautada e que permita uma convivência com essa consciência da diversidade possibilitará um preparo para a cidadania e um desenvolvimento humano muito maior para TODOS.

3. Aos professores

Há, por parte dos responsáveis pela elaboração deste documento, a consciência de que a proposta aqui apresentada pode passar a ima-

Coleção Educação Inclusiva

gem de que não está sendo considerada a experiência profissional dos professores. Isto é um equívoco. Todos os professores, que se preocupam em fazer um bom trabalho com base em sua experiência, são capazes de utilizá-la como forma de transformar o seu ambiente para receber a todas as crianças e adolescentes, bastando que volte seu olhar para o novo.

Espera-se que vocês, professores, também acreditem nisso, tendo consciência das dificuldades, que existem e não são pequenas. Mas também com a consciência de que não será por meio da exclusão de alguns educandos do ambiente em que vocês lecionam que a escola se tornará realmente acolhedora e de qualidade para os demais. Isso acontecerá após a adoção incondicional da não exclusão, pois incluir, em primeiro lugar, é deixar de excluir. Depois, o caminho é através da busca de informações e do exercício da cidadania, o que é feito por meio de cobrança dos instrumentos necessários que devem ser fornecidos pelos dirigentes e responsáveis pelas redes pública e privada de ensino.

Professores, vocês são a peça essencial em todo o processo de garantia desse direito fundamental de TODAS as nossas crianças e adolescentes.

Bibliografia

ALVES, Rubem. *A escola com que sempre sonhei sem pensar que pudesse existir*. 3. ed. Campinas: Papirus, 2001.

BELISÁRIO FILHO, José Ferreira. *Inclusão*: uma revolução na saúde. Rio de Janeiro: WVA, 1999.

BOBBIO, Norberto. *A era dos direitos*. Rio de Janeiro: Campus, 1992 [Trad. Carlos Nelson Coutinho].

BONAVIDES, Paulo. *Curso de direito constitucional*. 11. ed. São Paulo: Malheiros, 2001.

BUENO, José Geraldo Silveira. "A inclusão escolar de alunos deficientes em classes comuns do ensino regular". *Revista Temas sobre Desenvolvimento*, v. 9, n. 54, jan./fev. 2001.

CARRAZZA, Roque Antônio. *Curso de direito constitucional tributário*. 8. ed. São Paulo: Malheiros, 1996.

CARVALHO, Rosita Edler. *A nova LDB e a educação especial*. 2. ed. Rio de Janeiro: WVA, 1998.

FERRAZ JÚNIOR, Tércio Sampaio. *Introdução ao estudo de direito*: técnica, decisão, dominação. 2. ed. São Paulo: Atlas, 1994.

GIORDANO, Blanche Warzée. *Deficiência e trabalho*: analisando suas representações. São Paulo: Annablume/Fapesp, 2000.

MANTOAN, Maria Teresa Eglér. *Ser ou estar, eis a questão*: explicando o déficit intelectual. Rio de Janeiro: WVA, 1997.

_____ *Todas as crianças são bem-vindas à escola! Apostila*. Campinas: Universidade Estadual de Campinas (Unicamp), Faculdade de Educação, 1997.

_____ "Ensinando a turma toda – as diferenças na escola". *Pátio – Revista pedagógica*, ano V, n. 20. Porto Alegre: Artmed, fev./abr. 2002, p. 18-28.

Coleção Educação Inclusiva

_____ *Inclusão escolar: o que é? Por quê? Como fazer?* São Paulo: Moderna, 2003.

MANTOAN, Maria Teresa Égler; QUEVEDO, Antônio Augusto Fasolo & DE OLIVEIRA, José Raimundo (orgs.). *Mobilidade, comunicação e educação*: desafios à acessibilidade. Rio de Janeiro: WVA, 1999.

MAZZOTTA, Marcos J.S. *Educação especial no Brasil –* História e políticas públicas. São Paulo: Cortez, 1996.

PARO, Vítor Henrique. *Escritos sobre educação.* São Paulo: Xamã, 2001.

PIERUCCI, A.F. "Ciladas da diferença". *Tempo Social: Revista Sociologia USP* 2 (2): 2º sem. São Paulo: Edusp, 1990.

SASSAKI, Romeu K. *Inclusão*: construindo uma sociedade para todos. Rio de Janeiro: WVA, 1999.

SILVEIRA, Alípio. "Hermenêutica no direito brasileiro", 1º vol. *Revista dos Tribunais*, 1968. São Paulo.

TOURANE, A. *A igualdade e diversidade*: o sujeito democrático. São Paulo: [s.e.], 27 jun. 1999.

_____ *Poderemos viver juntos? Iguais e diferentes*. Petrópolis: Vozes, 1998.

WERNECK, Claudia. *Sociedade inclusiva. Quem cabe nos eu todos?* Rio de Janeiro: WVA, 1999.

_____ *Ninguém mais vai ser bonzinho na sociedade inclusiva*. Rio de Janeiro: WVA, 1998.

Referências bibliográficas

FREIRE, Paulo. *Pedagogia do oprimido*. São Paulo: Paz e Terra, 1978.

GALLO, S. "Transversalidade e educação: pensando uma educação não disciplinar". In: ALVES, N. (org.). *O sentido da escola*. Rio de Janeiro: DP&A, 1999, p. 17-43.

Anexo I

CONSTITUIÇÃO DA REPÚBLICA

Capítulo III – Da Educação, da Cultura e do Desporto

Seção I
Da Educação

Art. 205. A educação, direito de todos e dever do Estado e da família, será promovida e incentivada com elaboração da sociedade. Visando ao pleno desenvolvimento da pessoa, seu preparo para o exercício da cidadania e sua qualificação para o trabalho.

Art. 206. O ensino será ministrado com base nos seguintes princípios:

I. Igualdade de condições para o acesso e permanência na escola;

II. Liberdade de aprender, ensinar, pesquisar e divulgar o pensamento, a arte e o saber;

III. Pluralismo de ideias e de concepções pedagógicas, e coexistência de instituições públicas e privadas de ensino;

IV. Gratuidade do ensino público em estabelecimentos oficiais;

V. Na forma da lei, planos de carreira para o magistério público, com piso salarial profissional e ingresso exclusivamente por concurso público de provas e títulos;

VI. Gestão democrática do ensino público, na forma da lei;

VII. Garantia de padrão de qualidade.

[...]

Coleção Educação Inclusiva

Art. 208. O dever do Estado com a educação será efetivado mediante a garantia de:

I. Ensino Fundamental, obrigatório e gratuito, assegurada, inclusive, sua oferta gratuita para todos os que a ele não tiveram acesso na idade própria;

II. Progressiva universalização do Ensino Médio gratuito;

III. Atendimento educacional especializado aos portadores de deficiência, preferencialmente na rede regular de ensino;

IV. Atendimento em creche e pré-escola às crianças de zero a seis anos de idade;

V. Acesso aos níveis mais elevados do ensino, da pesquisa e da criação artística, segundo a capacidade de cada um;

VI. Oferta de ensino noturno regular, adequado às condições do educando;

VII. Atendimento ao educando, no Ensino Fundamental, através de programas suplementares de material didático-escolar, transporte, alimentação e assistência à saúde.

§ 1º – O acesso ao ensino obrigatório e gratuito é direito público subjetivo.

§ 2º – O não oferecimento do ensino obrigatório pelo Poder Público, ou sua oferta irregular, importa responsabilidade de autoridade competente.

§ 3º – Compete ao Poder Público recensear os educandos no Ensino Fundamental, fazer-lhes a chamada e zelar, junto aos pais ou responsáveis, pela frequência à escola.

Anexo II

CONVENÇÃO DA GUATEMALA
(Promulgada pelo Decreto 3.956/2001)

Artigo I

Para os efeitos desta Convenção, entende-se por:

[...]

2. Discriminação contra as pessoas portadoras de deficiência

a) O termo "discriminação contra as pessoas portadoras de deficiência" significa toda diferenciação, exclusão ou restrição baseada em deficiência, antecedente de deficiência, consequência de deficiência anterior ou percepção de deficiência presente ou passada que tenha o efeito ou propósito de impedir ou anular o reconhecimento, gozo ou exercício por parte das pessoas portadoras de deficiência de seus direitos humanos e suas liberdades fundamentais.

b) Não constitui discriminação a diferenciação ou preferência adotada pelo Estado-Parte para promover a integração social ou o desenvolvimento pessoal dos portadores de deficiência desde que a diferenciação ou preferência não limite em si mesma o direito à igualdade dessas pessoas e que elas não sejam obrigadas a aceitar tal diferenciação ou preferência. Nos casos em que a legislação interna preveja a declaração de interdição, quando for necessária e apropriada para o seu bem-estar, esta não constituirá discriminação.

Anexo III

LEI DE DIRETRIZES E BASES DA EDUCAÇÃO NACIONAL (LEI 9.394/1996)

Capítulo V
Da Educação Especial

Art. 58. Entende-se por Educação Especial, para os efeitos desta Lei, a modalidade de educação escolar, oferecida preferencialmente na rede regular de ensino, para educandos portadores de necessidades especiais.

§ 1º – Haverá, quando necessário, serviços de apoio especializado, na escola regular, para atender às peculiaridades da clientela de Educação Especial.

§ 2º – O atendimento educacional será feito em classes, escolas ou serviços especializados sempre que, em função das condições específicas dos alunos, não for possível a sua integração nas classes comuns de ensino regular.

§ 3º – A oferta de Educação Especial, dever constitucional do Estado, tem início na faixa etária de zero a seis anos, durante a Educação Infantil.

Art. 59. Os sistemas de ensino assegurarão aos educandos com necessidades especiais:

I – Currículos, métodos, técnicas, recursos educativos e organização específicos para atender às suas necessidades;

II – Terminalidade específica para aqueles que não puderem atingir o nível exigido para a conclusão do Ensino Fundamental, em virtude de suas deficiências, e aceleração para concluir em menor tempo o programa escolar para os superdotados;

O acesso de alunos com deficiência às escolas e classes comuns

III – Professores com especialização adequada em nível médio ou superior para atendimento especializado, bem como professores do ensino regular capacitados para a integração desses educandos nas classes comuns;

IV – Educação especial para o trabalho, visando a sua efetiva integração na vida em sociedade, inclusive condições adequadas para os que não revelarem capacidade de inserção no trabalho competitivo, mediante articulação com os órgãos oficiais afins, bem como para aqueles que apresentam uma habilidade superior nas áreas artística, intelectual ou psicomotora;

V – Acesso igualitário aos benefícios dos programas sociais suplementares disponíveis para o respectivo nível do ensino regular.

Art. 60. Os órgãos normativos dos sistemas de ensino estabelecerão critérios de caracterização das instituições privadas sem fins lucrativos especializadas e com atuação exclusiva em Educação Especial, para fins de apoio técnico e financeiro pelo Poder Público.

Parágrafo único. O Poder Público adotará, como alternativa preferencial, a ampliação do atendimento aos educandos com necessidades especiais na própria rede pública regular de ensino, independentemente do apoio às instituições previstas neste artigo.

COLEÇÃO EDUCAÇÃO INCLUSIVA
Coordenadora: Leny Magalhães Mrech

– *O acesso de alunos com deficiência às escolas e classes comuns:*
possibilidades e limitações
   Moaci Alves Carneiro
– *Construindo as trilhas para a inclusão*
   Márcio Gomes (org.)
– *Conviver com a Síndrome de Down em escola inclusiva: mediação pedagógica*
e formação de conceitos
   Susana Couto Pimentel